日経文庫
NIKKEI BUNKO

## Q&A軽減税率はやわかり
日本経済新聞社 [編]

日本経済新聞出版社

# は じ め に

　2019年10月から消費税の標準税率が10%に上がるの
と同時に、8%の軽減税率が導入されます。政府・与党が
15年末に消費税の軽減税率の案をまとめ、16年の通常
国会で軽減税率を含む税制改正関連法が成立しました。
その後、予定された17年4月の税率引き上げと軽減税率
の導入が2年半延期されました。

　消費税は1989年に3%で始まってから、どんな商品・
サービスを買っても1つの同じ税率で統一されていました
が、2019年10月からは購入する商品によって税率が異な
ります。

　例えば100円の商品を買っても税込み価格は108円の
ものと、110円のものが出てきます。この2%の税率差をめ
ぐって、いろいろなことが生じかねません。家計をやりくり
する主婦が、似ている商品ならなるべく8%の商品を買い
たいと思うのは当然です。小売店などは本来8%の税率の

ものを10%で販売してしまったら、お客からクレームを受けるでしょう。日本が初めて導入する制度ですから、混乱やトラブルをすべて回避するのは容易ではありません。

　軽減税率が導入されるということは知っていても、私たちの生活や仕事、実体経済はどう変わるのでしょう。消費者やビジネスパーソンが難しい法律用語やお役所の文章を読まなくても、素朴な疑問を解決できるように本書はQ&A方式をとっています。

　なるべく平易に解説するとともに、多くの図やイラストを盛り込みました。疑問が浮かんだときに、該当箇所だけを拾い読みできるように、各項目は個々に完結した内容になっています。この点を重視したため、複数の項目間で一部重ねて同じことを解説している部分があります。あらかじめご理解ください。

　政府の関係部署は必要に応じて随時、軽減税率のルールの詳細を定めたり改めたりしています。本書のベースと

なった単行本『Q&Aすぐわかる軽減税率』は16年3月時点の情報に基づいて、編集局経済部の財政・税制担当チームが執筆しました。今回、その内容を改めて点検し、最新の情報や取材結果をふまえて加筆修正をほどこし、日経文庫として出版することとしました。改訂作業は編集局の上杉素直と八十島綾平が担当しました。本書は基本的に18年9月時点の情報に基づいていますが、政治・経済の変化などによっては、制度自体が変わる可能性もあります。

　本書の読者の皆さまが軽減税率を少しでも身近に感じることができ、制度導入後の生活やビジネスなどに役立てられることを願っています。


　　　2018年10月　　　　　　　　　日本経済新聞社

# 第1章　軽減税率って何だろう

Q01　消費税の軽減税率とは、何のためのどんな仕組みですか？ …12

Q02　軽減税率は何に適用されますか？ …17

Q03　買い物をする際の留意点はありますか？ …22

Q04　対象なのか分かりにくい商品もありますが？ …27

Q05　一般世帯の税負担はどれだけ減りますか？ …30

Q06　軽減税率に関する制度はすべて2019年10月開始ですか？ …35

Q07　軽減税率で税収も減りますが、大丈夫ですか？ …40

Q08　海外にも軽減税率制度はありますか？ …45

Q09　先行する海外では線引きにみんな満足ですか？ …50

Q10　軽減税率の導入は誰が主張したのですか？ …53

Q11　対象はどのように決まったのですか？ …56

Q12　OECDが反対する理由は？ …59

Q13　税額の差を本体価格の上げ下げで埋めてよいですか？ …59

Q14　そもそも、なぜ消費税率を引き上げるのですか？ …60

Column　消費税の歴史1 ── 10年がかりの導入 …61

CONTENTS
Q&A軽減税率はやわかり・目次

# 第2章 対象商品はどう見分ける

Q15 軽減税率が適用されるのはどのような品目ですか？ ……………… 66

Q16 食卓に上がる品目はすべてが対象ですか？ ……………………… 71

Q17 重箱入りのおせち料理は軽減税率の対象ですか？ ……………… 74

Q18 ファストフード店の持ち帰りは対象になりますか？ …………… 79

Q19 軽減対象かどうか曖昧なグレーゾーンはないのですか？ ……… 84

Q20 事業者の商品開発にどのような影響がありますか？ …………… 89

Q21 買い物のとき店頭で混乱しませんか？ …………………………… 92

Q22 食品表示法はどのような法律ですか？ …………………………… 95

Q23 食品衛生法とは何ですか？ ………………………………………… 95

Q24 どのような新聞が軽減税率の対象になりますか？ ……………… 96

Q25 有害図書はどう排除するのですか？ ……………………………… 100

Q26 適用する税率が8％か10％か分からないときは？ ……………… 103

Q27 具体的な線引きはどのように進んでいますか？ ………………… 108

Q28 政府はどのような広報をしますか？ ……………………………… 108

Column 消費税の歴史 2 —— 2度の引き上げへの道 ………………… 109

目　次　7

## 第**3**章 経理部門・システム担当は何に備える

Q29 インボイスって何ですか？ ……………………………………… 114

Q30 インボイスの書式にルールはありますか？ ………………… 119

Q31 インボイスは何に使うのですか？ …………………………… 122

Q32 インボイスに虚偽を書いたら？ ……………………………… 125

Q33 消費者にもインボイスを渡すのですか？ …………………… 125

Q34 個人から中古車を買い取るときもインボイスが必要？ …… 126

Q35 インボイスには簡易方式があるのですか？ ………………… 131

Q36 税率で売上を区別するのは大変では？ ……………………… 136

Q37 仕入れでの特例はありますか？ ……………………………… 139

Q38 「みなし」だと本来の消費税額は実際と異なるのでは？ … 142

Q39 納税額はどう計算するのですか？ …………………………… 142

Q40 事業者番号って何ですか？ …………………………………… 143

Column 消費税の歴史 3 ── 繰り返された増税延期 …………… 144

CONTENTS
Q&A軽減税率はやわかり・目次

## 第4章 小売業者はどうすればよいのか

Q41 小売店の事業にはどのような影響が出ますか？ ......... 148

Q42 小売業者が事前にしておくべきことは何ですか？ ......... 153

Q43 受発注システムやレジの改修にはいくらかかりますか？ ......... 158

Q44 システムエンジニア（SE）は足りますか？ ......... 158

Q45 線引きが曖昧な商品はどう対応したらよいでしょうか？ ......... 159

Q46 割引券を使うとどうなりますか？ ......... 164

Q47 1円未満の端数はどうしますか？ ......... 167

Q48 百貨店の物産展は軽減税率に対応できますか？ ......... 170

Column 消費税の歴史4——2桁税率への備え ......... 171

目　次　9

CONTENTS
Q&A軽減税率はやわかり・目次

## 第5章 個人事業主や免税事業者はどうなる

Q49 免税事業者のビジネスはどのように変わりますか？ ………… 176

Q50 インボイス導入で個人事業主に利点はありますか？ ………… 181

Q51 青色申告には変更があるのでしょうか？ ………………… 184

Q52 消費税が事業者の手元に残る益税はどうなりますか？ ……… 184


巻末資料1 食品表示法 ………………………………………… 185

巻末資料2 食品衛生法 ………………………………………… 190

第 **1** 章

# 軽減税率って
# 何だろう

# Q01

## 消費税の軽減税率とは、
## 何のための
## どんな仕組みですか?

**A** 生活必需品などあらかじめ定めた一部の
商品に限って消費税率を低くする仕組みです。
消費税率が10％に上がる2019年10月以降も、
外食を除く飲食料品は軽減対象となり
税率が8％に維持されます。

### ◎──低所得層の負担増に配慮

　店頭やインターネットで商品を買う際に誰もが支払う消費税。その税率が19年10月に8％から10％へと上がります。あわせて導入されるのが軽減税率という新しい仕組みです。多額の借金を抱える国の財政や将来の社会保障給付の増加を考えると消費増税は避けられません。増税後に生活必需品の購入にかかる負担が重くなって低所得層の生活が苦しくならないように配慮するのが軽減税率の目的です。

　消費税は生活必需品を含む幅広い商品の取引に一律

に課税されるため、税金を払う余裕の乏しい人ほど税負担を感じやすいという欠点があります。低所得層の負担感が重くなる「逆進性」と呼ばれる問題です。軽減税率を取り入れることで、「逆進性」を少しでも和らげようとしています。

軽減税率の対象は、外食や酒を除く飲食料品と一定条件を満たす新聞です。**日々の生活に欠かせない食材については19年10月以降もそれまでと同じ8％税率に据え置かれます。**

新聞報道は民主主義の基盤をなすとして、定期購読契約を結んだ週2回以上発行される新聞は軽減対象になり

ました。このため宅配される新聞の税率は8％のままです。

## ●──商品ごとのおよその税率を知ろう

　私たちが買い物する際、例えばレジに並ぶ前に商品ごとの税率をある程度把握する必要があるかもしれません。こんなとき、軽減対象の「線引き」をあらかじめ頭に入れておくと便利です。

　スーパーや青果店で酒以外の食材を買う場合は例外なく軽減税率が適用されると考えればよいでしょう。**野菜や味噌、豆腐、天ぷら、弁当、ミネラルウオーター、ジュース類などを買って家に持ち帰るのであれば8％の軽減税率で済みます。**

　生活に欠かせないとはいっても、ティッシュペーパーやおむつ、下着などは軽減税率の対象ではありません。通常の10％税率を払います。

　注意が必要なのは、例えば買った商品をその場で食べる「イートイン」のコーナーがあるコンビニで弁当を買う場合です。外食と判断されるかどうかで軽減税率の対象になったりならなかったり分かれる微妙なケースです。

　持ち帰って食べられる弁当や総菜はコンビニ内の「イートイン」コーナーで食べると10％の税率がかかり、持ち帰るなら軽減税率の8％が適用されます。弁当がトレーに載せて運ばれたり、後で返却する必要がある食器に盛られたり

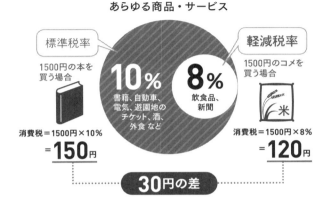

していたらはっきり「外食」だとわかりますが、そうでない場合は会計の際に確認します。

　税率は商品ごとに8％と10％に区別されてかかります。スーパーで酒以外の飲食料品を1000円分、トイレットペーパーや電球などの日用品を同じく1000円分、合計で2000円の買い物をしたと仮定しましょう。飲食料品には1000円×8％で80円の税金がかかります。その他の日用品の1000円については、1000円×10％で100円の税金がかかります。税額は合わせて180円で、支払う総額は2180円になります。

## ●――税額票（インボイス）制度も導入

　消費税は買い物する消費者が払った税金をお店が一時的に預かり、税務署に納める仕組みです。軽減税率の導入で税率が複数存在するようになると、お店や事業主は実際に売買した商品ごとの税率を正確に把握して、間違いなく税金を納める体制づくりが求められます。そのため、「税額票（インボイス）」と呼ばれる制度を23年10月にスタートさせることが軽減税率導入とセットで決まりました。

　軽減税率の仕組みには課題や不透明な点も残されています。将来、仮に消費税率が15％や20％になった場合には「軽減幅2％では不十分だ」という声が出てくるかもしれません。諸外国をみると、子ども用品など食品以外の生活必需品を軽減税率やゼロ税率の対象にしている例もあります。

# Q02

# 軽減税率は何に適用されますか？

酒と外食を除く飲食料品に軽減税率が適用されます。週2回以上発行される新聞を定期購読する場合も軽減税率の対象になります。

## ◉──酒と外食を除く飲食料品が対象

軽減税率の適用対象は大きく2つに分かれます。1つが酒と外食を除く飲食料品で、もう1つが定期購読契約を交わして手にする新聞です。具体的な内容や定義を順番に確かめておきましょう。

まずは酒と外食を除く飲食料品です。ビールや日本酒、ワイン、焼酎など酒類は軽減税率の適用対象にならないので、通常の10％税率が課されます。レストランや定食屋で食事をする場合の支払いも軽減税率の対象にはなりません。食事代に10％の消費税を加えて支払う必要があります。

**酒以外の飲食料品をスーパーやコンビニエンスストア、**

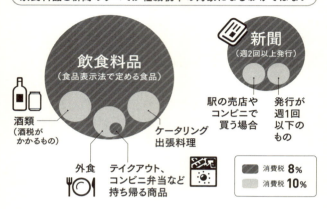

**青果店、鮮魚店などで購入するのであれば、原則としてすべて軽減税率の対象に含まれると考えてよいでしょう。**いずれも8％の税率が適用されます。野菜や魚のような食材であっても、調理されて売り場に置いてある天ぷらや唐揚げであっても軽減税率の対象になります。おやつに出すアイスクリームや菓子、ゼリー、ジュースにも軽減税率が適用されます。キャビアやアワビのような高級食材も軽減税率の対象に含まれます。1人当たりや世帯当たりで軽減税率を受けられる上限額などは設けられていません。

### ●──「場所」と「サービス」で外食かどうかを判断

注意が必要なのは外食なのかどうか判断に迷うケース

です。

　外食かどうかを区別する最初の基準は「場所」です。**食事を提供する業者が用意した場所で飲み食いすれば外食とみなされます。**ファストフード店でハンバーガーを買って店内の座席で食べるのは外食であり、10％の通常税率が課されます。一方、そのファストフード店で同じ種類のハンバーガーを買っても、家や公園で食べるのは外食とはみなされず、8％の軽減税率で済みます。

　ファストフード店でハンバーガーを注文すると店員から「店内で食べますか、それともお持ち帰りですか?」と尋ねられます。店員はハンバーガーをトレーに載せるか袋に詰めるか判断するために聞いていたはずです。

　2019年10月に軽減税率制度が始まると、店内か持ち帰りかで支払う金額も変化するので、適用する税率を判断するためにも店内か持ち帰りかを確認する必要が生じます。200円のハンバーガーを店内で食べる場合は消費税10％を合わせて支払いは220円ですが、持ち帰るなら消費税は8％なので支払うのは216円となり、4円の差が生まれます。

　外食かどうかを区別するもう1つの基準が配膳などの「サービス」です。**購入した食事を店員が運んでくれれば、「サービスを受けた」ということになり、その食事は10％の通常税率がかかりそうです。**ケータリングや出張料理のように顧客が指定した場所で顧客に飲食させるサービス

第1章　｜　軽減税率って何だろう　19

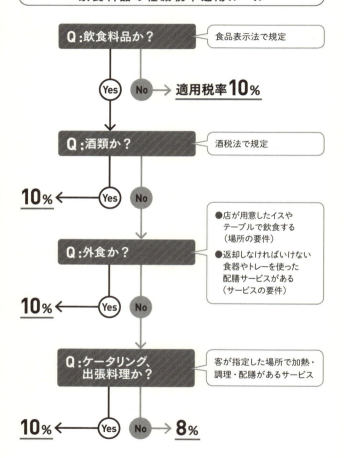

は10％の標準税率の対象です。ただ、有料老人ホームでの飲食料品の提供や学校給食は軽減税率が適用されます。

## ◉──軽減税率の対象となる新聞

公共性の高い報道は民主主義に必要不可欠だという理由で、新聞に軽減税率を適用することになりました。**ただ、新聞であればなんでも軽減税率の対象になるというわけではありません。**

第1に定期購読の契約を結んでいるのが条件です。新聞社やその新聞販売店と半年や1年など一定期間にわたる宅配契約を交わすと軽減対象になります。契約期間が短くても構いません。一方、駅の売店で新聞を買う場合は10％の通常税率がかかります。第2に週2回以上発行されていることです。新聞を名乗っていても週1回や隔週1回しか発行していなければ軽減税率の対象になりません。

書籍や雑誌を軽減税率の対象にするかどうかは今後の検討課題になっています。ポルノなどの有害図書は軽減対象にふさわしくないとの声があり、有害図書を区別するルールを用意するのが将来の軽減税率適用の条件になります。

# Q03

## 買い物をする際の留意点はありますか?

**A** スーパーやコンビニで商品ごとに異なる消費税率が課されます。消費税を含む支払い総額を計算する際、商品ごとにどれが税率8％でどれが税率10％なのかということをきちんと把握しておくべきでしょう。

### ◉──商品ごとに税率が異なる

値札に「1000円」とある商品を買おうと1000円札を握りしめてレジに並んだら、「1080円です」と店員に告げられて慌てて小銭を探す──。税金に関する表示を見逃し、そんな経験をしたことのある人は少なくないはずです。このケースで「1000円」は消費税を含まない価格です。8％の消費税率を含めた支払い総額は1000×1.08で1080円になります。

2019年10月に消費税率が10％に上がるとともに、酒と外食を除く飲食料品は税率を8％に据え置く軽減税率の制度が始まります。店頭やインターネットで商品を買うとき

## 通常は消費税がかかりますが、19年10月からは複数の消費税率が存在し、商品ごとに税率が8％だったり10％だったりする状況へと変わります。

　新たに始まる軽減税率の対象になるのは、酒と外食を除く飲食料品すべてと、一定条件を満たす新聞です。青果店で野菜と果物を1000円分買う場合には8％の軽減税率がかかり、支払い総額は1080円になります。新聞販売店と購読契約を結んで例えば月4000円の日刊新聞を読んでいるケースも消費税率は8％で、支払い総額は4320円です。

軽減税率の対象にならない商品は10％の通常税率が適用されます。家具店で椅子やテーブルを買う、文房具店でペンやノートを買う、衣料品店でシャツやネクタイを買う——といった場合はいずれも10％の消費税がかかります。書籍や雑誌は軽減税率を適用するかどうか検討課題にとどまっており、当面は書店で書籍を買う際にも10％の消費税を払うことになりそうです。その日の新聞をコンビニや駅の売店で購入する場合は、定期購読契約を結んでいませんので軽減税率の対象にならず、消費税率は10％です。

　飲食料品であっても、酒屋でビールや日本酒を買うなら軽減税率は適用されずに消費税率は10％です。レストランやファストフード店で食事を注文して店内で楽しむ場合も10％の税率がかかります。同じメニューでも自宅に持ち帰って食べようとするケースは軽減税率の対象になり、税率は8％です。

### ●──混在する場合はどうするか

　ややこしいのは1回の買い物で複数の税率が混在するときです。

　レストランで2000円の料理を食べた後、お土産に1000円の折り詰めを注文したらどうなるでしょうか。店内で食べた料理には10％の通常税率がかかり、総額は2000円×1.10＝2200円です。一方の折り詰めは軽減税率の対象

スーパーでこれらの商品を買うとすると…

になるので総額は1000円×1.08＝1080円になります。両者を合わせて3280円をレストランに払います。**店内で食べない折り詰めに軽減税率が適用されているかどうか、会計の際に確かめた方がよさそうです。**

　コンビニで水道料金4000円を支払うと同時にペットボトルに入ったミネラルウオーター 2000円分を買うケースも2つの税率になります。ミネラルウオーターは軽減税率の対象になる半面、蛇口をひねれば出てくる水道水は軽減税率の対象ではありません。水道料金は4000円×1.10＝4400円、ミネラルウオーターは2000円×1.08＝2160円。レジで支払う総額は6560円になります。

**日ごろ頻繁に起きるのは、スーパーやコンビニで飲食料品とその他の日用品をまとめて購入する場面でしょう。** 生活必需品であっても飲食料品以外の商品は通常の10％の消費税率がかかります。例えば紙おむつやトイレットペーパー、洗剤や食器は軽減税率の対象にはならず税率10％です。

　買い物かごに次の商品が入っているケースを考えてみましょう。野菜類400円、肉類800円、ジュース200円、ビール200円、アイスクリーム300円、トイレットペーパー 500円。軽減税率の対象になるのは野菜類と肉類、ジュース、アイスクリームで合計1700円×1.08＝1836円。ビールとトイレットペーパーは通常税率なので合計700円×1.10＝770円。両者を足した2606円が支払い総額になります。

# Q04＿＿＿＿＿＿

## 対象なのか
## 分かりにくい商品もありますが？

**A** 飲食料品と玩具や食器をセットにした、
いわゆる組み合わせ商品は悩ましいです。
商品価値に占める飲食料品の比率が
3分の2を上回り、かつ商品の価格が
1万円以下なら軽減税率が適用されます。

### ◉──1万円が判断の分かれ目に

すでに述べた通り、飲食料品は外食と酒を除き、8％の
税率が適用される軽減税率の対象になります。食器や玩
具、文房具は軽減税率の対象ではなく、10％の通常税率
がかかります。では、飲食料品と食器、飲食料品と玩具を
セットで売る商品はどうなるでしょうか。商品の内容や売り
方によって消費税のかかり方が変わりそうです。

こうした組み合わせ商品をめぐって財務省は基本ルール
を定めています。ルールでは、組み合わせ商品は本体価
格が1万円を超えると軽減税率の対象から外れます。**価格
が1万円以下であることに加えて、商品の価値の3分の2**

第1章 ｜ 軽減税率って何だろう 27

### 軽減税率の対象と対象外のセット商品

玩具付き菓子

ティーポット付き茶葉

**2つの条件を満たせば軽減税率**

条件1 ▶ **1万円**以下

条件2 ▶ 飲食料品の価値が**3分の2以上**

（例）全体の価格が300円なら…

 200円以上

 100円未満

以上を飲食料品が占めることが軽減税率を適用する条件になります。

## ◉──玩具付き菓子はどうなるか？

　例えば、300円の玩具付き菓子の扱いを考えてみましょう。価格が1万円以下なので、最初の条件はクリアしています。300円のうち玩具の部分が100円を下回れば、菓子の部分が200円以上になり、もう1つの条件も満たし8％の軽減税率が全体にかかります。300円×1.08＝324円が支払い総額です。

　同じ値段の玩具付き菓子であっても、玩具の部分が100円を超えると、菓子の部分が200円未満になり、飲食

料品の価値は全体価格の3分の2に届きません。軽減税率を適用する条件を満たせず、10％の通常税率が全体にかかります。支払い総額は300円×1.10＝330円になります。

**飲食料品と玩具や食器を切り離して値段をつけて会計すれば、飲食料品の部分は軽減税率が適用されます。**切り離して飲食料品だけに値段を付ける場合には「1万円」のような軽減税率を適用する際の上限はありません。軽減税率が始まる2019年10月に向けて、組み合わせ商品の価格設定や扱い方に頭を悩ませる事業者が増えるかもしれません。

# Q05

## 一般世帯の税負担は どれだけ減りますか?

一般的な世帯では年間で1万2000円程度の負担軽減につながります。収入が多いほど飲食料費への支出が増える傾向にあるため、税負担の軽減額も大きくなります。

### ●──負担が約1万2000円軽くなる

　仮にすべてのモノやサービスに対して消費税率を8％から10％に引き上げると国民に5.6兆円の負担がのしかかります。生活必需品も負担が重くなると低所得者層が困るとの意見が多く、飲食料品は消費税率を8％に据え置くことになりました。負担の軽減額は日本全体で1兆円にのぼると試算されています。

　財務省は13年の家計調査のうち、2人以上の世帯の消費支出額などを基に年収ごとの消費税負担の軽減額を試算しました。たとえば世帯収入が350万円以上400万円未満の世帯の場合に消費税の負担額は年間で21万7302

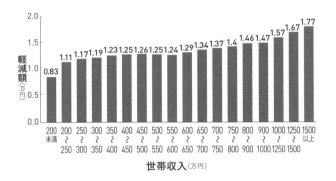

円となります。軽減税率制度によって、このうち負担が1万2302円軽くなり、実際の負担は20万5000円になります。年収が200万円未満の場合には軽減額が8372円、500万円以上550万円未満の世帯では1万2553円となっています。年収が650万円以上の世帯では負担軽減額が1万3000円を超えています。

　　**所得が多い世帯ほど軽減額は多い傾向があります。**世帯収入が1500万円を超えると負担軽減額は1万7762円。年収が200万円未満の世帯の軽減額の2倍以上になっています。高所得世帯ほどコメでもブランド米を買ったり、キャビアやフォアグラといった高級食材を買ったりする余裕があります。また教育費がかかる子どもを多く持つことができる金銭的な余裕があるため、世帯構成員が増える傾向

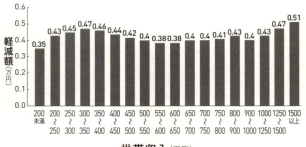

にあり、飲食料品に対する支出が増えやすくなります。

## ●── 高所得者優遇との批判も

　一部に軽減税率は高所得者優遇との批判があるのは消費税の軽減額が高所得世帯ほど多いのが理由の一つになっています。「ぜいたくをしているのに負担も軽減されるなんて不公平じゃないか」という意見です。負担の軽減額を1人当たりでみても高所得世帯ほど負担の軽減額は多い傾向にあります。たとえば年収200万円未満の世帯の場合に1人当たりの軽減額は3563円ですが、年収が1000万円以上1250万円未満では4346円になります。1500万円を超えると軽減額も5000円を上回ります。

　そもそも消費税にはすべてのモノやサービスにかかるた

め低所得者ほど負担が重くなりやすい「逆進性」があると言われています。例えば所得税であれば一定の所得水準を超えた人が課税の対象になり、低所得者は免除される仕組みになっています。

　所得増税をしても課税対象になっていない低所得者には増税の影響は生じません。こうした逆進性を緩和する低所得者対策のために軽減税率を導入するはずなのに、その恩恵は高所得者ほど大きいのはおかしいと軽減税率の反対論者は主張しています。

　しかし高所得世帯ほど消費税を多く支払っているのも事実です。年収が1500万円以上の世帯が支払う消費税は48万6775円。年収が200万円未満の世帯（10万7089円）に比べて約4.5倍になっています。**消費金額が増えれば支払う消費税が増えるのは当然です。**軽減税率に賛成する人は、高所得者ほど消費税の軽減額が大きいが消費税の負担も重いため高所得者優遇という批判は正しくないと主張しています。

## ◉──現金給付はうまくいかなかった

　**軽減税率の優れている点は、面倒な手続きを必要とせずすべての人が消費税の軽減措置の恩恵を受けられる点にあります。**14年4月に消費税率を5％から8％に上げた際には低所得者を対象に現金を配って負担を軽くしま

した。軽減税率などの制度設計が間に合わなかったため
です。政府は住民税を支払っていない世帯を低所得世帯
と定義付け、飲食料品にかかる消費増税の負担分をゼロ
にするために1万円を配りました。

　政府は1万円で14年4月から15年9月までの1年半分の
消費増税負担を減らすことができるとみていました。ところ
が現金給付の難点は対象者が自治体に給付を受けるた
めの申請が必要になる点です。自分が対象にもかかわら
ず申請しなければ現金を受け取れず高所得者と同じ負担
となってしまう人がいたことが、14年4月以降に個人消費
の落ち込みが長引いた一因とも言われています。

# Q06

## 軽減税率に関する制度は
## すべて2019年10月
## 開始ですか?

**A** そうとは限りません。
事業者の経理方式のルール変更は
23年10月にかけて、やってきます。
企業規模に応じてルール変更の内容や
時期が異なるので注意が必要です。

### ◉──これからも改定は続く

　消費税率が10%になる19年10月に軽減税率が始まり、酒と外食を除く飲食料品は消費税率が8%に据え置かれます。財務省は軽減税率の対象に何を含めるのか精査しており、19年10月の時点では線引きがおおむね完了しているはずです。ただ、企業の技術やサービスは日進月歩で変化しており、軽減税率の対象になるのかどうか微妙な商品が次々に登場する可能性は否定できません。軽減税率の歴史が長い英国では財務省が毎年のように軽減税率の対象を見直しており、日本でも19年度以降は年々の線

第1章 ｜ 軽減税率って何だろう　35

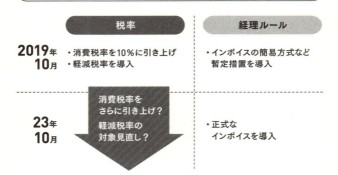

引き確認作業が恒例行事になるかもしれません。

**スタート時点で軽減税率の対象品にかかる消費税率は8％ですが、将来、消費税率が10％からさらに上がる際には軽減税率を何％にするかも議論のテーマになりそうです。** 通常の税率と軽減税率の差を2％のままにするのであれば、消費税率の引き上げ時に軽減税率も自動的に上昇することになります。低所得層の家計に対する消費増税の打撃を抑えるという軽減税率の本来の趣旨を重んじるのであれば、消費税率を引き上げたとしても軽減税率を据え置くという判断もあり得るでしょう。

◉── **経理ルールも変わる**

軽減税率の導入で変更を迫られるのが事業者の経理

ルールです。**最大の変化は「インボイス（税額票）」と呼ばれる仕組みが23年10月から企業に義務付けられることです。**売上高1000万円以下の事業者は23年10月以降もインボイス使用の義務を免れますが、インボイスは日本の商流を根本的に変える効果があるとも言われています。

インボイス制度とは、商品ごとの税額を記した税額票という伝票を売り手と買い手が交わし、互いに保存しておくやり取りのことです。軽減税率の対象である飲食料品を100万円分、軽減税率が適用されない文房具を200万円分の合計300万円分の商品をある店舗が流通業者から仕入れたと仮定します。飲食料品については100万円×1.08＝108万円、文房具については200万円×1.10＝220万円を店舗経営者が流通業者に支払います。その取引記録を店舗と流通業者の双方が保管し、それぞれが消費税の納税額を正確に計算できるようにします。

軽減税率がなく消費税率が1つしかない場合はインボイスを使わなくても税額を計算しやすいのに対し、軽減税率を導入して消費税率が複数になるとインボイスが欠かせなくなると財務省は説明しています。

例えば先ほどの飲食料品と文房具の仕入れを考えてみましょう。消費税率8％しか存在しなければ、飲食料と文房具の内訳がわからなくても仕入れ総額の300万円だけがわかれば、300万円×0.08＝24万円という消費税額

第1章　軽減税率って何だろう　37

が計算できます。しかし、8％と10％の複数の税率が存在するようになると、8％の軽減税率の対象商品がいくらで10％の通常税率の対象商品がいくらかをはっきりさせないと合計の消費税額が計算できなくなります。

## ●── 23年10月までは移行措置がある

現在も消費税の納付を免除されている年商1000万円以下の零細事業者は23年10月以降もインボイスの使用を義務付けられません。**ただ、インボイスを使う大企業などと取引する際、零細事業者であっても取引先からインボイス発行を要請される可能性がありそうです。**インボイスを

発行するかどうかで取引相手を選別する動きが出てくると予想する専門家もいます。零細企業がインボイスを発行すると、免税措置は受けられなくなりますが、大企業などとの取引を打ち切られるのは死活問題と考える経営者が出てくるとみられます。

　軽減税率スタートから23年10月までの間は、移行措置が用意されます。すでにある請求書に簡単な印を付けて商品ごとの消費税率を区別する「簡易方式」が選択肢の1つです。取引全体に占める軽減税率対象の割合を大ざっぱに計算することが許される「みなし課税」がもう1つの選択肢になります。年商5000万円以下の事業者は23年9月まで「みなし課税」を使えますが、大企業は19年10月から1年限りの措置となっています。

第1章　｜　軽減税率って何だろう　39

# Q07

## 軽減税率で税収も減りますが、大丈夫ですか?

**A** 消費増税を決めたときに与野党が考えた
将来の社会保障給付の拡充を
一部見送ることになりそうです。
それでも足りない税収減の穴埋め策は
2018年度中に結論を出す予定です。

### ◉——1兆円規模の税収減

　2019年10月に消費税率が上がると国の税収が増える見込みです。ただ、すべての商品に対する税率を一律10%にした場合に比べると、一部の商品は8%に据え置く軽減税率を導入するため、税収増はその分少なくなります。財務省は軽減税率に伴う税収減は年1兆円規模になるとみています。1兆円の税収減を補うため、国は予定していた支出を抑えたり、新たな増収を確保したりする対応が必要になります。

　12年の民主党政権下で自民・公明両党を含む与野党で決めた「社会保障と税の一体改革」では消費税率を5%

## 「社会保障と税の一体改革」のポイントとその後の経緯

**▶ 消費税率を14年4月に8％、15年10月に10％へ引き上げ**
- ⇒ 15年10月の増税は2度延期。19年10月に
- ⇒ 8％時は低所得者向けの現金給付を実施

**▶ 税収増の多くは社会保障に活用**
- ⇒ 子育てや年金の充実には2.8兆円
- ⇒ 総合合算制度は見送り。軽減税率を実施

**▶ 社会保障の効率化を実施**
- ⇒ 高齢者の医療費負担増など難航も
- ⇒ 入院患者の食事代を段階的に引き上げ

自民・民主・公明の3党が税分野で合意（2012年6月）

から10％に上げて得られる消費税収14兆円の多くを社会保障に充てることにしました。国の借金返済や年金の国負担分の引き上げに充てるほか、消費税率1％分にあたる2.8兆円は社会保障の充実のメニューに使うとしました。具体的には子育てでは保育所の整備や保育士の処遇改善、低所得の年金受給者に月5000円を給付するといった政策メニューが挙げられました。介護分野では介護施設の整備や介護士の育成にお金を充てる基金もつくっています。安倍政権は「1億総活躍社会」をスローガンに出生率の引き上げや介護離職ゼロを目指しています。消費増税を財源とした子育て支援や介護・年金の充実は安倍政権にとっても生命線になっています。

## ◉──「総合合算制度」を見送り

　しかし軽減税率を導入することになり、消費税率10%への引き上げで得られる税収は当初の想定に比べて1兆円少ない13兆円にとどまることになります。税収14兆円の使い道はすべて決まっているため、歳入を追加で増やすか、歳出を減らすしかありません。

　政府・与党はこの問題を解決するために社会保障の充実のメニューに含まれていた低所得世帯の医療費や介護費に上限を設ける「総合合算制度」を見送る方針を決めました。税制抜本改革法では、軽減税率は低所得者の増税負担を軽くするための措置であると明記しており、政府・与党は同じ低所得者の負担軽減を目的とした総合合算制度は必要がなくなったと判断したためです。総合合算制度を見送ることで約4000億円の財源を捻出できます。

　**それでも軽減税率の導入で減ってしまう1兆円の税収のうち一部しか穴埋めできません。**政府・与党は残る6000億円をどう手当てするのか18年末までに決める方針です。

　6000億円の捻出に向けて、政府・与党内ではさまざまな案が浮上しています。まず子育てや医療・介護分野を少しずつ削って財源を捻出する方法です。将来の増税を財源にして一時的に赤字国債を発行する手段もあります。一時的に財源を確保するため「つなぎ国債」とも言われま

## 6000億円の減収穴埋めが課題に

| 手法 | 問題 |
| --- | --- |
| 社会保障をカット | 国民負担につながりハードル高く |
| つなぎ国債の発行 | 将来の増税に反発も |
| たばこ増税 | 喫煙者や葉タバコ農家が反発も |
| 外為特会の含み益活用 | 含み益がなくなる恐れも |
| 赤字国債の発行 | 借金がさらに増えることに |
| 税収の上振れを活用 | 下振れれば財源がなくなる |

発行増？
国債

増税？
タバコ

す。借金を返す増税を先に決めておけば政府の財政健全化計画にも影響は出ません。

### ●──さまざまな「奥の手」が登場

ただこうした歳出カットや増税は国民の強い反発を受ける可能性が高いです。政府・与党にとってはなるべく国民負担増につながる議論は避けたいところです。そのため「奥の手」とも言える案が出てきています。

例えば、たばこを増税する案です。たばこを1本1円増税すると消費は減るとはいえ、税収が年1000億円以上増えるとみられています。たばこ増税は喫煙者にのみ負担増

となるため、国民全体では受け入れやすいとの見方があります。

　外国為替相場が急変動した際に政府が市場介入するための資金を積み立ててある外国為替資金特別会計のお金を使うべきという意見もあります。第2次安倍政権以降に大幅な円安が進んだため、同特会には多額の含み益があるとみられています。ただ軽減税率の財源は毎年必要になるうえ、為替相場の動向によっては同特会の含み益がなくなる可能性もあるため、政府内には慎重論も根強くあります。

　経済成長によって増えた税収を充てるよう求める声もあります。18年度改正の所得増税による増収もあります。国民負担の話になりがちな財源の議論は決着まで曲折がありそうです。

# Q08

## 海外にも軽減税率制度は
## ありますか?

**A** 欧州などがすでに導入しています。
対象は食品、医薬品、書籍など幅広いです。
軽減税率をゼロ%に設定する事例も
数多くあります。
軽減税率の対象かどうかの線引きは
国によってさまざまな違いがあります。

### ◉──日本より高い欧州の標準税率

　一部の商品にかかる税金を安くする軽減税率制度について、日本は2019年10月に導入する予定ですが、欧州各国などは以前から採用しています。日本では基本的な消費税率となる標準税率を10%に上げたときに8%を軽減税率として導入し、酒・外食を除く飲食料品の税率を2%低く抑えようとしていますが、海外では税率の差をもっと大きくとっているところが目立ちます。海外の事例を見てみましょう。

　欧州連合(EU)には日本の消費税と同じ仕組みで「付加

第1章 ｜ 軽減税率って何だろう　45

価値税」という名前の税金があります。域内各国が導入していますが、まずフランスを見てみると、フランスの標準税率は20％（18年9月時点）と日本の税率の約2倍です。軽減税率については旅客輸送や肥料、宿泊施設の利用料、外食などが10％、書籍や食料品が5.5％、新聞や雑誌、医薬品などが2.1％となっています。標準税率と軽減税率の差は最も大きいもので17.9％です。**日本よりも標準税率が高い一方、生活の中で必要性が高い商品やサービスの税率はかなり抑えられています。**ドイツでは標準税率が19％に対して、食料品や水道水、新聞、雑誌、書籍、旅客輸送、宿泊施設の利用料などは7％になっています。

## ◉──欧州以外でも導入

標準税率と軽減税率に大きなメリハリをつけているのが英国やスウェーデンです。英国は標準税率が20％。一方で、食料品や水道水、新聞、雑誌、書籍、国内の旅客輸送、医薬品、住宅の建築費などの税率はゼロ％です。スウェーデンは標準税率が25％ですが医療機関が処方した医薬品はゼロ％で、新聞や書籍、雑誌、スポーツ観戦、映画、旅客輸送などは6％、食料品や宿泊施設の利用料、外食などは12％です。

**軽減税率は欧州以外にもあります。**オーストラリアは標準税率が10％で、軽減税率の対象になる食料品はゼロ％

## 海外の標準税率と軽減税率

| | 標準税率 | 軽減税率（対象商品） |
|---|---|---|
| **日本**<br>（19年10月以降） | 10% | **8%**（酒・外食を除く飲食料品など） |
| **フランス** | 20% | **2.1%**（新聞、雑誌、医薬品など）<br>**5.5%**（書籍、食料品など）<br>**10%**（旅客輸送、外食など） |
| **英国** | 20% | **0%**（食料品、水道水、新聞など）<br>**5%**（家庭用燃料、電力など） |
| **スウェーデン** | 25% | **0%**（医薬品など）<br>**6%**（新聞、スポーツ観戦、映画など）<br>**12%**（食料品、外食、宿泊施設の利用料など） |

です。カナダも同じように標準税率が5％で、食料品はゼロ％になっています。

　欧州では日本より早い時期に消費税に相当する付加価値税を導入していますが、生活必需品の税金を安くするという考え方は以前から存在しました。1968年に付加価値税を採用したフランスやドイツでは、その前から事業者間の取引にかかる税金がありましたが、すでに軽減税率は存在しました。

　スウェーデンではもともと軽減税率はありませんでしたが、付加価値税の税率が段階的に引き上げられて25％に

## 海外には意外な線引きも

| | 標準税率 | 軽減税率 | 線引きの基準など |
|---|---|---|---|
| フランス | キャビア | フォアグラ | 国内産業を保護 |
| | ミルクチョコレート | ブラックチョコレート | カカオ、乳成分の含有量などで定義 |
| 英国 | フィッシュアンドチップス | 冷めた惣菜 | 気温より温められていると標準税率 |
| カナダ | ドーナツ(5個以下) | ドーナツ(6個以上) | 「その場ですぐに食べられる」なら標準税率 |

(財務省の資料を基に作成)

達した後の1992年に軽減税率を導入しました。

## ◉──国によってさまざまな基準がある

軽減税率の対象をどこで線引きするかについて、日本では多くの議論が巻き起こりました。海外でも線引きの方法はいろいろな事例があります。日本人から見ると、意外な線引きをしている事例も少なくありません。

例えばフランスの食品に課す税率です。キャビア、フォアグラ、トリュフはいずれも高級品のイメージがありますが、キャビアには標準税率(20%)、フォアグラとトリュフは軽減税率(5.5%)と異なる税率を適用しています。これはキャビアが輸入品である一方、国内で生産されるフォアグラとトリュフは国内産業を保護するため軽減税率を適用したとさ

れています。似た使い方をするマーガリンとバターではマーガリンが標準税率、バターが軽減税率になっています。バターを製造する国内の酪農家を保護するためのようです。

　カナダにも面白い例があります。街のドーナツ店で購入したドーナツの個数が5個以下であれば標準税率（5％）、6個以上であれば軽減税率（ゼロ％）になります。カナダでは「すぐに食べるものは標準税率」という考え方がとられていますが、ドーナツが5個以下なら「すぐに食べられる」とみなされるのです。

　英国にはなんと温度で線引きする例があります。英国を代表する食べ物、レストランや屋台などで売られているフィッシュアンドチップスが標準税率（20％）、スーパーが扱っている調理から時間がたって冷めた総菜には軽減税率（ゼロ％）が適用されます。その差は「気温より高く温められたかどうか」です。英国では外食は標準税率、食料品は軽減税率になりますが、すぐに食べるかどうかということを温度で見極めています。

# Q09

## 先行する海外では線引きに
## みんな満足ですか？

**A** たまに訴訟も起きています。
なぜ軽減税率なのかの線引きが
分かりにくいものも少なくありません。
政府は丁寧な説明が必要です。

### ◉──ポテトチップスかケーキかで争い

軽減税率制度を導入するにあたり、大きな課題の1つが軽減税率の対象かそうでないかをどう線引きするかです。商品を売る企業にとっては商品の税込み価格が高くなったり安くなったりするわけですから、できれば軽減税率の対象に入れてもらおうというのは当然の考え方です。日本では酒・外食を除く飲食料品が対象になりますが、実際に始まれば飲食料品として扱ってほしいと、毎年のように企業から政府への陳情合戦が起きると懸念する専門家もいます。

軽減税率をすでに導入している外国に目を向けると、軽減税率の線引きを巡って訴訟が起きています。英国では

50

### 軽減税率を巡る海外の訴訟例

 **英国**

菓子の「プリングルス」は「ポテトチップス」か「ケーキ」か？

標準税率か軽減税率かの線引きが争点

➡ [ ポテトチップスに ]

 **ドイツ**

豆乳が標準税率、牛乳が軽減税率であることは妥当か？

似たような商品で適用税率が違うのは認められるかが争点

➡ [ 豆乳は植物性、牛乳は動物性と違うので税率が異なるのは許容できる ]

 **フランス**

商品の割引券が付いている雑誌は軽減税率の対象か？

割引券が付いている買い物情報誌とウェブサイトに入力する割引きコードが付属している旅行情報誌の2つの商品の線引きが争点

➡ [ 買い物情報誌は軽減税率、旅行情報誌は標準税率に ]

米プロクター・アンド・ギャンブル（P&G）の菓子「プリングルス」を巡る訴訟がありました。筒状の容器に入った菓子で、多くの消費者がポテトチップスと認識して購入していると思います。ところが製造元のP&Gはポテトチップスではな

く「ケーキ」であると主張しました。ポテトチップスは標準税率の20％がかけられるのに対して、ケーキは軽減税率でゼロ％が適用されるためです。P&Gと国税当局が争った裁判は結局、プリングルスはポテトチップスであるという判決が下されました。

## ◉───豆乳と牛乳は違う!?

ドイツでは豆乳と牛乳で税率が異なることが妥当か争われたことがあります。豆乳は標準税率、牛乳は軽減税率が適用されていました。似た飲み物ですが、判決では牛乳が動物性、豆乳は植物性の飲料であるため、税率の差は許されるというものでした。

軽減税率の対象商品を決める政府にはなぜそれが対象かという理由はあるでしょうが、消費者から見て分かりにくいものも少なくありません。店頭での混乱を防ぐためにも政府が消費者に対して分かりやすく説明することが必要だと言えます。

# Q10

## 軽減税率の導入は
## 誰が主張したのですか?

**A** 消費税率の引き上げを決めた
自民、民主、公明各党の「3党合意」に
検討課題として盛り込まれました。
自民、公明両党は2014年の衆院選に際して
与党公約に軽減税率の導入を掲げました。

◉──3党合意での確認事項

　すべての国民が払う消費税率が一定以上に達する際、低所得者の負担を和らげる仕組みが必要だという考えは12年の「3党合意」で確認されました。低所得者の負担を和らげる手段として3つの選択肢が挙がりました。

　一部商品の税率を低くする軽減税率は買い物時に支払う税金が少なくなって「痛税感」が緩和される一方、高級食材などが対象になると金持ち優遇につながりかねないとの懸念が拭えません。低所得者に現金を支給する給付制度は低所得層に限定して導入できますが、買い物の際に支払う税金は生活必需品もぜいたく品も一律です。税金

第1章 ｜ 軽減税率って何だろう　53

| | 仕組み | 長所 | 短所 |
|---|---|---|---|
| **消費増税に合わせた負担軽減のアイデアは複数あった** | | | |
| **軽減税率** | 飲食料品など一部の商品だけ税率を低く抑える | 買い物の時点で感じる税負担が軽くなる | 高級食材も対象になり金持ち優遇にも |
| **現金給付** | 低所得層に限って現金を支給して生活を支える | 支援が必要な人だけに給付を集中できる | 買い物の時点では負担が変わらない |
| **「給付付き税額控除」** | 所得税減額と低所得層向け給付の組み合わせ | 中低所得層に対し公平な負担軽減可能 | 納税者全員の正確な所得把握が前提 |

の減額と現金支給を組み合わせる「給付付き税額控除」は国民全体の所得を正確に把握することが制度導入の前提になり、手間がかかります。

3党合意の当時に与党だった民主党で「給付付き税額控除」を支持する声が強かったのに対して、軽減税率に前向きだったのが公明党です。公明党は国政選挙のたびに軽減税率の導入を公約に掲げてきました。14年の衆院選では自民党と公明党の与党共通公約に軽減税率の実現が盛り込まれ、与党が大勝を収めました。

## ◉──自民党が慎重だった理由

自民党は公明党と連立与党を組む立場から、軽減税率

に正面から反対を唱えることはありませんでしたが、当初から全面的に賛成だったわけではありません。自民党があまり気乗りしなかった大きな理由は、軽減税率とセットで導入される「税額票（インボイス）制度」への慎重論です。

　軽減税率が始まると「8％」と「10％」といった具合に複数の消費税率が存在し、適切な納税事務を進めるためには商品別の細かな税率管理が求められます。インボイスが必要になるのはそのためです。

# Q11

## 対象はどのように決まったのですか？

対象を生鮮食品に絞りたい自民党と
飲食料品に広く適用したい公明党の立場に
隔たりがありましたが、
首相官邸が仲裁に乗り出して
公明党の主張をほぼ全面的に認めました。

### ●——当初は「個人番号カード」の活用も

　自民・公明両党は2015年春に軽減税率の具体的な制度づくりに着手しました。軽減税率の対象の候補として「精米だけ」から「全ての飲食料品」まで8つの案が用意されていました。しかし、軽減税率を実施するのに不可欠とされる「税額票(インボイス)」の導入に自民党が慎重だったこともあり、両党の協議は早々に行き詰まってしまいました。両党は解決策を示すよう財務省に指示しました。

　財務省が15年9月に示した案は酒を除く飲食料品すべてを軽減対象にし、2％の税率軽減分を後日還付する構想でした。税と社会保障の共通番号(マイナンバー)制度

飲食料品をめぐる軽減税率の線引きの8つの案

大

1. 全ての飲食料品

2. 酒以外の飲食料品

最終的に
この対象で決着

3. 酒・外食以外の飲食料品

4. 酒・外食・菓子類以外の飲食料品

5. 酒・外食・菓子類・飲料以外の飲食料品

（適用範囲）

6. 生鮮食品

7. 米・みそ・しょうゆ

小

8. 精米

で希望者に配布される「マイナンバーカード」を買い物のたびに店頭の端末にかざして軽減税率分をポイントのようにためる方式を想定していました。軽減対象の飲食料品も買い物の時点では10％の通常税率を適用する仕組みです。公明党は「財務省案は軽減税率とは呼べない」と否定的でした。「マイナンバーカード」での手間も嫌気され、結局、政府・与党は財務省案を採用しませんでした。

第1章 ｜ 軽減税率って何だろう 57

## ●──官邸主導で決着

与党の調整は15年12月までもつれました。軽減税率の対象をどこまで認めるかが最大の争点でした。自民党は生鮮食品だけを対象にスタートし、数年後に軽減対象を広げる考えを示しました。この場合、加工食品は軽減対象にならず、例えば納豆や豆腐は通常の10％税率が適用されます。軽減税率に積極的だった公明党は加工食品を軽減対象に含めるよう主張しました。

**最終的には首相官邸が公明党の主張を受け入れるよう自民党に促し、自民党が大幅に譲歩する形で決着しました。**すべての国民が影響する税制は与党の専管事項とみなされてきましたが、官邸主導が強まっています。

# Q12 OECDが反対する理由は?

OECD(経済協力開発機構)は軽減税率制度には否定的な立場です。軽減税率が所得の多い世帯に大きな恩恵をもたらし、「低所得家計への支援策として劣った手段」だからです。軽減税率を導入すると税収が低くなるため余計に標準税率を引き上げることになる、不正の機会が増える、きちんと納税してもらうための行政コストが増える、軽減税率の対象品を選びやすくする「消費選択のゆがみ」をもたらす、といった点を挙げています。そのため「単一税率を維持することが重要」と指摘しています。

# Q13 税額の差を本体価格の上げ下げで埋めてよいですか?

構いません。「イートイン」のコーナーがあるスーパーやコンビニ、ファストフード店では、同じ商品を店内で食べるか持ち帰るかで税率が異なり、本体価格が同じなら税込み価格が変わります。小売店が発想を転換し、持ち帰りの軽減税率なら本体価格を少し高くし、外食扱いの標準税率なら価格を下げると、税込み価格を同額にすることも可能です。レジに並ぶ客にとってはこの方が便利かもしれません。消費者庁と財務省、経済産業省は2018年5月に公表した指針で、小売事業者の判断でこうした柔軟な本体価格の設定ができると"お墨付き"を与えました。軽減税率の歴史が長い欧州ではドイツのファストフード店などが本体価格を変動させており、日本の財務省も非公式な形で関係業界に推奨しています。

第1章 | 軽減税率って何だろう 59

# Q14　そもそも、なぜ消費税率を引き上げるのですか？

　先進国で最悪の状態にある公的部門の財政を改善するためです。国と地方を合わせた長期債務残高は2018年度末見通しで1107兆円に膨らみます。公共事業などを減らしても、高齢化で年金や医療などの社会保障費が増えるのは避けられません。増税で歳入を増やし、国債への依存を減らそうとしています。日本は税収全体に占める所得税の比率が他国に比べて高いとされてきました。国民が広く負担する消費税は社会保障の財源にふさわしいと考えられ、税率の引き上げが決まりました。

Column

## 消費税の歴史 1 ── 10年がかりの導入

　第2次世界大戦後の日本の税制づくりは、連合国軍最高司令官総司令部（GHQ）占領政策下の1949年のシャウプ使節団による勧告が基本になっています。所得税を税制の中心と位置付け、それに合わせて徴収など実務の体制も整えてきました。個人が収入から支払う所得税や企業が受け持つ法人税は納税義務者と担税者が同一の「直接税」と呼ばれるのに対し、消費者が支払う税金を事業者が納める消費税は「間接税」に分類されます。

　戦後の復興期、急速な経済成長とともに所得税や法人税が順調に増えて税収が拡大し、不足する社会基盤整備の財源などに使われました。ただ、所得税や法人税は景気が落ち込んだときには大幅な減収に見舞われる可能性があり、税収や財政運営を長期に安定させる観点から消費税を拡充していく必要性が早くから指摘されていたのです。税収に占める直接税と間接税の比率は「直間比率」と言われ、消費税が定着している欧州などに比べて直接税に偏った日本の直間比率の見直しが70 〜 80年代の日本の税制論議のテーマになっていました。

　直間比率の議論が日本でも盛り上がった背景には、当時の国際社会の事情もあります。東西冷戦で自由主義と市場経済を旗印に結束する西側諸国では、法人税や所得税の最高税率を引き下げて企業や個人がどんどんお金を稼ぐこと

第1章 │ 軽減税率って何だろう　61

へのインセンティブを高める潮流が強まっていました。米国の
レーガン政権や英国のサッチャー政権の税制改革は典型
です。アジアにおける西側諸国のモデル国という横顔をもつ日
本にとって、無視できない動向でした。

とはいえ、庶民の懐を直撃する新しい税金である消費税
に対する世論の抵抗感は強く、導入に向けた道のりは決して
平坦ではありませんでした。平成が始まった1989年に導入さ
れた消費税は歴代内閣の命運を左右してきたといっても過
言ではありません。

消費税が初めて重要な政治課題になったのは、導入から
10年遡る79年でした。大平正芳内閣は同年1月、80年から
の導入準備を閣議決定しました。旧大蔵省（現財務省）出身
の大平氏は借金に頼る国の財政運営に対する懸念を強めて
いたのです。

しかし、79年の衆院選で新税計画が世論の強い批判を
浴び、大平氏は選挙中に導入を断念したものの、自民党は
過半数割れしました。「40日抗争」と呼ばれる党内抗争に発
展し、80年に野党が提出した内閣不信任決議案が可決。衆
参同日選挙に打って出た大平氏は直後に急死しました。

次に浮上したのは、中曽根康弘内閣でした。87年2月に
消費税に似た売上税法案を国会に提出。中曽根氏は86年
夏の衆参同日選の出陣式で「大型間接税と称するものはや
らない」と訴えていたため、公約違反と批判されました。結果
的に売上税法案は審議されないまま廃案に追い込まれたの

です。

　消費税の実現にこぎ着けたのは、蔵相を長く務めて中曽根氏の後を継いだ竹下登首相の時代。消費税を導入する代わりに所得税を減税するなどして世論の反発や景気への悪影響を抑えながら、89年4月に消費税3%を導入しました。大平内閣から数えて10年がかりとも言うべき難業を成し遂げた竹下内閣でしたが、リクルート事件などのスキャンダルにまみれ、2カ月後に退陣しました。

第 **2** 章

# 対象商品は
# どう見分ける

# Q15

# 軽減税率が適用されるのはどのような品目ですか？

 酒と外食を除くすべての飲食料品です。定期購読契約を結んだ週2回以上発行する新聞にも適用されます。

---

### ●——生鮮食品だけを対象とする案も

　2019年10月に消費税率を10％に引き上げる際、税率が8％のまま据え置かれるのは酒と外食を除く飲食料品と週2回以上発行の新聞です。日常生活に欠かせない飲食料品のほか、民主主義を支えるという理由から新聞にも適用されることになりました。

　消費税率が10％に上がった後でも、食品スーパーに買い物に行けば大半の商品は今と変わらず8％の税率で買うことができそうです。軽減税率の対象品目を決める議論の過程では、精米や生野菜、精肉といった生鮮食品だけを対象にする案もありましたが、分かりやすさを優先し、増税の負担感を減らす軽減税率の趣旨も踏まえて加工食品も対象にしました。

## 飲食料品と新聞が軽減税率の対象

| | |
|---|---|
| **飲食料品** | ・食品表示法に規定する食品が対象<br>・酒税法に規定する酒類を除く<br>・外食やケータリング、出張料理を除く<br>・学校給食や老人ホームの食事はケータリングの例外 |
| **新聞** | ・定期購読契約が締結された週2回以上発行の新聞 |

　食品表示法に規定する幅広い食品が対象になります。採れたての野菜をそのままの状態で店頭に並べている場合はもちろん対象ですし、ジュースやゼリーに加工して売っている場合も対象です。天ぷらや煮物などの総菜も対象です。生鮮食品だけを対象にする案と比べると、対象かどうか紛らわしい事例はかなり減りました。仮に生鮮食品だけを対象にしていたら、マグロの刺し身用切り身が軽減対象であるのに対し、同じ売り場に並ぶ刺し身の盛り合わせは加工食品で対象外といった厄介な事例が出てくる恐れもありました。

　購入する場所がスーパーであってもコンビニエンスストアであっても、百貨店や青果店などであっても扱いは変わりません。軽減を受けられる購入金額に上限もありません。どれだけたくさん買っても、飲食料品は酒などでなければ軽減税率が適用され続けます。

**第2章 ｜ 対象商品はどう見分ける　67**

## ◉──給食は外食とは見なされない

食べ物であっても外食には軽減税率が適用されません。すし屋のカウンターで食べれば10％の税率で支払わないといけませんが、出前を頼んだり、お土産として持ち帰ったりする場合は8％の軽減税率が適用されます。もちろんスーパーやコンビニで買うパック詰めのすしは軽減税率の対象です。

なかにはファストフード店で「テイクアウト」と伝えてハンバーガーを買い、商品を受け取った後で気が変わって店内で食べる人もいるでしょう。この場合は軽減税率が適用されますが、なんだか不公平な印象は否めません。外食店よりコンビニの利用が増えたり、店内飲食よりも出前が増えたりするなど、消費行動に影響する可能性があります。経済活動の中立性を損なわないか心配する声も上がっています。

ちなみに、学校給食や老人ホームでの食事は個人宅と同じように「生活の場」での食事のため、外食とはみなさないことになり、8％の軽減税率が適用されます。

## ◉──料理酒は8％だが、みりんは10％

ビールや日本酒、ワイン、焼酎など酒税法に規定する酒類は対象外で、10％の標準税率がかかります。ノンアル

## 軽減税率の対象品目をめぐる「線引き」

| 軽減税率の対象 8% | | | 対象外 10% |
|---|---|---|---|
| ファストフード店の持ち帰り |  |  | ファストフード店の店内飲食 |
| すし屋の出前 |  |  | すし屋のカウンターで飲食 |
| コンビニ弁当など包装食品 |  |  | 持ち帰れないコンビニ料理をイートイン |
| 椅子なしの屋台 |  |  | 椅子ありの屋台 |
| 学校給食、老人ホームの食事 |  | | 学食、社員食堂 |
| 野球場や映画館の売店 |  | | ホテルのルームサービス、カラオケ店での料理注文 |
| 3分の2以上が菓子の玩具菓子 |  | | 菓子と玩具が半々の玩具菓子 |

コールビールは酒類ではないため、軽減税率が適用されます。酒税法に規定されない料理酒は軽減税率の対象ですが、同じ調味料コーナーで売っているみりんは酒類に区分されるため10％の標準税率が適用されます。

　分かりにくいのは飲食料品とそれ以外を組み合わせた

玩具付き菓子のようなセット商品です。セット商品の扱い
は税制改正の関連法案ではなく、遅れて公表された政令
で規定されました。財務省はセット商品に占める飲食料品
の比率が3分の2以上で、商品価格が1万円以下であれ
ば全体に8％の軽減税率を適用する予定です。漆器の重
箱に入ったおせちのような1万円を超えるセット商品を買う
際には注意が必要です。

　飲食料品に加えて新聞も軽減税率の対象になります。
政治、経済、社会、文化などに関する事実を掲載する定
期購読の新聞が対象です。週2回以上発行されることも条
件です。書籍や雑誌を軽減税率の対象にするかどうかは
今後の検討課題になっています。ポルノなどを排除できる
かどうかを見極めてから結論を出します。

# Q16 _____

## 食卓に上がる品目は
## すべてが対象ですか?

**A** おおむね対象ですが、例外もあります。
口にするモノでも酒や医薬品は対象外です。
食品表示法に規定されない
水道水も軽減税率は適用されません。

### ◉──「酒類」は何を指すのか

　酒と外食を除く飲食料品はすべて軽減税率の対象です。しかし食卓に上がる飲食料品が何もかも対象というわけではありません。税制改正の関連法案の文言を借りれば、「酒税法に規定する酒類を除く食品表示法に規定する食品」が軽減税率の対象になります。

　酒税法はビールなどの発泡性酒類、醸造酒類、蒸留酒類、混成酒類などにお酒を区分しています。ここに書かれてあるお酒は軽減税率の対象になりません。ビールや発泡酒、第三のビールは発泡性酒類に含まれます。日本酒やワインは醸造酒類、焼酎やウイスキーは蒸留酒類です。注意したいのが混成酒類に含まれるみりんです。食塩などが

第2章 ｜ 対象商品はどう見分ける　71

| 食卓に上がる飲食料品でも税率に違い | | | | | |
|---|---|---|---|---|---|
| **食品表示法上の食品は対象** | | **水道水も対象外** | | **酒は対象外** | |
| ジャガイモ | ○ | 水道水 | × | ビール | × |
| 大根 | ○ | ペットボトルの天然水 | ○ | ノンアルコールビール | ○ |
| ブリの刺し身 | ○ | | | みりん | × |
| スーパーの総菜 | ○ | **医薬品も対象外** | | 料理酒 | ○ |
| コンビニのおにぎり | ○ | 医薬部外品のドリンク剤 | × | | |
| ヨーグルト | ○ | 清涼飲料水のドリンク剤 | ○ | | |

（注）○は軽減税率の対象、×は対象外

入った料理酒は酒税法に規定される酒類ではない一方、みりんは酒税法に規定されています。みりんは調味料として使うことが多いですが、軽減税率は適用されず、10％の標準税率になります。

### ◉──医薬品は対象外

医薬品も対象外です。徹夜明けなど肉体疲労時に飲むドリンク剤には食品表示法が規定する清涼飲料水に区分される商品がある一方で、医薬部外品に区分される商品もあります。清涼飲料水であれば軽減税率の対象になりますが、医薬部外品には標準税率がかかります。

商品に付いたラベルなどに医薬部外品かどうか書いて
あります。どうしても軽減税率で買いたいなら、購入する前
に医薬部外品かどうか確認したほうがよいでしょう。

　水道水はどうなのでしょうか。水道水は蛇口をひねって
加熱などせずに飲むこともありますが、食品表示法の規定
は受けません。スーパーの店頭に並ぶペットボトル入りの
天然水などは軽減税率の対象ですが、水道水は10％の
標準税率がかかります。海外では水道水に軽減税率を適
用する国も多いですが、日本は標準税率にしました。

# Q17

## 重箱入りのおせち料理は
## 軽減税率の対象ですか?

**A** 飲食料品とそれ以外を組み合わせた
セット商品は価格の3分の2以上が飲食料品で
あれば軽減税率が適用されます。
総額1万円以下が条件です。

### ◉──意外に多いセット商品

　軽減税率の対象は酒と外食を除く飲食料品と定期購読契約を結んだ週2回以上発行の新聞です。それでは、軽減対象の飲食料品と対象でない飲食料品以外の物品が組み合わさったセット商品の消費税率はどうなるのでしょう。扱いが悩ましいところです。玩具のおまけが付いたキャラメルや茶葉付きのティーポット、漆器の重箱に入ったおせち料理などがこうしたセット商品に該当します。スーパーの売り場などに行けば分かりますが、セット商品は意外と種類が多いものです。ですから、日本商工会議所や全国中小企業団体中央会など中小企業の団体もセット商品の扱いには強い関心を持っています。

セット商品の扱いは税制改正の関連法案そのものではなく、政府が2016年4月に公表した政令に書き込まれました。軽減税率を所管する財務省が考えているのは、セット商品の価格に占める飲食料品の比率が3分の2以上で、商品価格が1万円以下であれば全体に8％の軽減税率をかける方法です。合理的な方法により計算した割合が3分の2以上になる、という趣旨になります。商品の原価で飲食料品の部分の割合を計算してもよいでしょうし、販売価格で計算してもよいとみられます。15年末に策定した税制改正大綱では「一定金額以下で主たる部分が飲食料品なら全体が軽減税率の対象」との表現にとどめていましたが、制度導入に向けてより一段と明確化することにしました。

## ◉──飲食料品部分を切り分けられるか

　玩具のおまけが付いた税抜き1000円のチョコレートを例にとって消費税額を試算してみましょう。チョコレートが商品価格の7割、玩具が3割であれば全体が軽減税率の対象とみなされ、全体に8％の税率がかかります。消費税額は80円です。逆にチョコレートが全体の3割、玩具が7割ならこの特例は適用されません。全体を10％の標準税率の対象として消費税額を計算するか、事務が煩雑になるのを覚悟のうえでチョコレートの部分にだけ8％の軽減

**第2章｜対象商品はどう見分ける**　75

**1万円以下のセット商品に特例**

- ▶玩具のおまけが付いた300円のキャラメル
  （キャラメルの価格が3分の2以上） ○

- ▶玩具のおまけが付いた300円のキャラメル
  （キャラメルの価格が半分） ×

- ▶漆器の重箱に入った8000円のおせち料理
  （おせちの価格が3分の2以上） ○

- ▶漆器の重箱に入った8000円のおせち料理
  （おせちの価格が半分） ×

- ▶漆器の重箱に入った2万円のおせち料理 ×

（注）○は軽減税率の対象、×は対象外。対象外の商品も食品部分にだけ軽減税率の適用が可能

税率を適用するか、事業者が判断することになりそうです。全体に10％の標準税率をかけるなら消費税額は100円になります。全体の3割を占めるチョコレートの部分にだけ8％の軽減税率をかけるなら消費税額は94円になります。

　輪島塗の漆器に入った高級おせち料理や茶葉付きのティーポット、宇治茶と茶器のギフト品のようにデパートに行けば総額が1万円を超えるセット商品も珍しくありません。飲食料品の部分とそれ以外の部分を切り分けられれば、飲食料品の部分にだけ8％の税率が適用される見通しです。切り分けられなければ全体に10％をかけるしかなさそうです。

> **食品部分が3分の2以上ならば全体に軽減税率**

● 重箱入りの8000円のおせち料理

**A** 価格の7割がおせち、3割が重箱の場合
消費税額 = 8000円 × 8% = **640**円

**B** 価格の5割がおせち、5割が重箱の場合
消費税額 = 4000円 × 10% +
4000円 × 8% = **720**円

価格の切り分けが難しければ…
消費税額 = 8000円 × 10% = **800**円

## ●──「節税商品」のリスクを避ける

　事業者のなかには1万円以下を条件に全体の3分の2以上が飲食料品なら軽減税率の対象にするという画一的な基準に反発する声もあります。例えば、1万円以下は全体の3分の2超、5万円以下は全体の9割超が飲食料品なら軽減税率の対象にするというように高額のセット商品を扱う事業者が不利にならないような段階的な基準を求める声も出ています。普段1万5000円で売っているセット商品をたまたま9000円に値引きして売っていた場合はどうなるのでしょう。そのときだけ軽減税率の対象にするのでしょ

うか。一筋縄でいかない課題がまだたくさんありそうで、制度が始まっても議論は収まらないでしょう。

　もっとも、財務省が1万円以下という上限を設けたのにも理由があります。セット商品を丸ごと軽減税率の対象にすることは、節税を目的にした商品を生むリスクがあるのです。販売価格を低く抑えたいという企業努力は否定すべきものではありませんが、5万円や10万円のセット商品まで丸ごと軽減税率の対象にしてしまうと、行き過ぎた節税商品を助長して税制の公平性をゆがめる結果につながりかねないという判断をしています。

# Q18

## ファストフード店の
## 持ち帰りは対象になりますか？

A その場で食べなければ外食とは
みなされません。
スーパーなどで買う飲食料品と同じように
8％の軽減税率が適用されます。

### ◉──「外食」とは何か

　酒と外食を除くすべての飲食料品が軽減税率の対象ですが、突き詰めると外食とは何なのでしょうか。何をもって外食とするのか定義を細かく見ていきましょう。

　軽減税率について定めた税制改正の関連法には「飲食店業者などがテーブル、椅子、カウンターなどの飲食に用いる設備のある場所で飲食料品を飲食させる役務の提供」と外食を定義しています。つまり軽減税率のうえで外食はテーブルや椅子などの設備と給仕や調理などのサービスが組み合わさって初めて成り立ちます。さらに条文には「持ち帰りのための容器に入れたり包装したりした場合は外食に含まない」としています。

第2章 ｜ 対象商品はどう見分ける　79

| 出前や持ち帰りには軽減税率 | | | | |
|---|---|---|---|---|

| ファストフード | | フードコート | |
|---|---|---|---|
| 持ち帰り | ○ | レジ袋に入れて持ち帰り | ○ |
| 店内飲食 | ✕ | トレーに載せて席に配膳 | ✕ |
| 「持ち帰り」で購入後、店内飲食 | ○ | | |

| すし | | 「生活の場」なら軽減税率 | |
|---|---|---|---|
| 出前 | ○ | ケータリング | ✕ |
| お土産 | ○ | 家政婦の料理サービス | ✕ |
| カウンターで飲食 | ✕ | 学校給食 | ○ |
| | | 老人ホームの食事 | ○ |

（注）○は軽減税率の対象、✕は対象外

　この条件に照らすと、ファストフード店の持ち帰りが外食にあたらないのは明らかです。店内にテーブルや椅子はありますが、持ち帰りはその設備を使って食事をするわけではありません。持ち帰りは容器に入れたり包装したりもします。すし屋のカウンターで食べれば外食になりますが、お土産として持ち帰る場合は外食ではありません。同じ理屈でピザ屋やすし屋などから出前をとるときも外食にはあたりません。

## ◉──屋台は外食。ケータリングは？

　そば屋や定食屋でランチをすればもちろん外食です。喫茶店でコーヒーを飲む場合も外食として扱われます。おで

### 外食は「場所」と「サービス」の組み合わせ

**1** テーブルや椅子、カウンターなどの飲食設備のある場所で（場所要件）、飲食させるサービス（サービス要件）が外食

**2** 客が指定した場所で飲食させるケータリングや出張料理は外食の一種

学校給食は軽減税率の対象に

んやラーメンなど飲食設備のある屋台で食事する場合も外食とみなされます。分かりにくいですが、ホテルのルームサービスも外食です。室内に食事するためのテーブルや椅子がありますし、給仕などのサービスもあるからです。カラオケボックスで料理を注文する場合もその場で食べるわけですから外食にあたります。

ショッピングセンターなどのフードコートは通常はその場のテーブルや椅子で食べます。トレーに載せて給仕され、その場で食べるのであれば外食とみなされます。ただ、フードコートでレジ袋に入った弁当を買って家で食べる場合はどうでしょう。持ち帰れる状態に包装されているわけですから、これは外食ではなく持ち帰りとして扱われ、軽減税率

の対象になります。同じフードコートでも軽減税率の対象になる場合とならない場合があります。会計時に持ち帰りの意思を確認されるでしょう。スーパーやコンビニの休憩スペースに「飲食禁止」の張り紙がしてあれば、その店で買う飲料料品は原則としてすべて軽減税率の対象になります。

　問題になるのはケータリングや出張料理の扱いです。税制改正の関連法には「サービスの受け手が指定した場所での加熱や調理、給仕などの役務を伴う飲食料品の提供」は外食の1つとして軽減税率の対象から外すことが規定されています。ケータリングや出張料理は店内飲食ではありません。サービスの提供者がテーブルや椅子を準備するわけではないのです。ただ、店内飲食に準ずるのも事実なので、外食として扱うことにしました。家政婦が食材を持ち込んで料理してくれるサービスも同じように外食として扱います。

### ◉──給食は8％、学食・社食は10％

　では、学校給食や老人ホームでの食事もケータリングや出張料理とみなすのでしょうか。条文にはこう書いています。「有料老人ホームなどの人が生活を営む場所で行う一定の飲食料品の提供は除く」。学校給食や老人ホームの食事には確かに、ケータリングのような側面もありますが、外食とはみなさないことにしました。学校や老人ホームは自

82

宅と同じような生活の場ですし、給食などのほかに食事を
とる手段もありません。このため、自宅で食事をするのと同
じように扱い、軽減税率の対象にすることにしました。学
校給食を提供するのは中小事業者が多く、標準税率では
なく軽減税率を適用するよう政府側に強く働きかけたこと
も決定に影響した可能性があります。

　一方、高校や大学などの学食は外食として扱い、10％
の標準税率が適用されます。高校や大学も生活の場とと
らえることができそうですが、給食のある小中学校と違って
食事をとる手段がほかにもある点で決定的に異なります。
社員食堂も外食と同じ扱いです。

# Q19

## 軽減対象かどうか曖昧なグレーゾーンはないのですか？

機内食や屋台での食事などはケースバイケースです。外食の定義に当てはまるかどうか個別に判断しないといけない事例があります。

---

### ●──機内食はケースバイケース

　軽減税率の対象かどうかすべての商品・サービスについて明確になったのでしょうか。残念ながらそうではありません。税制改正の関連法や政令でもシロかクロかはっきりしないグレーゾーンは残っています。

　判断に迷う代表的な例が機内食です。飛行機のなかで調理し、その場でしか食べられない機内食は普通に考えれば外食とみなされそうです。ただ、格安航空会社（LCC）などでは、自宅に持ち帰れる状態で弁当を売っていることもあります。この場合は、スーパーなどで買い物するときと同じように軽減税率の対象になる可能性があります。法案

や政令などで規定しきれない事例は国税庁が通達や「よくある質問とその回答」（Q&A）で示します。非常に細かい事例を解説することになりますが、それでもなお曖昧な事例は残るとみられます。

　2015年12月中旬に軽減税率の大枠が決まり、税制改正の関連法案を国会に出した16年2月初めまでに軽減税率かどうかの線引きの考え方を詰めましたが、どうしても限界があります。

## ◉──屋台はテーブルがあるかどうかが分かれ目

　例えばおでんやラーメンなどの屋台の扱いです。テーブルや椅子などの飲食設備のある屋台で食事をすれば外食とみなされて10％の標準税率がかかります。一方、こうした飲食設備のない簡易な屋台でおでんやラーメンを買って近くの公園のベンチに座って食べた場合は外食とみなされず、8％の軽減税率が適用されます。全く同じおでんやラーメンを食べる場合でも、屋台にテーブルや椅子があるかどうかで税率が変わってしまうのです。なかには不公平感を感じる人もいるかもしれません。

　ファストフード店の持ち帰りをめぐる線引きにも構造的な問題があります。税制改正の関連法の考え方に照らせば、お客がレジで「持ち帰り」と言えば軽減税率が適用されます。「持ち帰り」と伝えてハンバーガーを受け取り、そのまま

第2章　｜　対象商品はどう見分ける　85

## 軽減税率の対象か一概に言えないケースは残る

| 対象（税率8％） | | 対象外（税率10％） |
|---|---|---|
| レジ袋入りなど 持ち帰る想定で受け渡し | コンビニ イートイン | トレーや陶器に盛るなど 持ち帰れない状態で提供 |
| 使い捨て容器に入った 持ち帰る想定で提供 | フードコート | 店員がトレーに載せて 手渡す |
| 持ち帰れる状態の 弁当を機内で販売 | 機内食 | 機内で食べきるしかない 料理の提供 |
| テーブルや椅子などの 飲食設備なし | 屋台 | テーブルや椅子などの 飲食設備あり |

店内に居座って食べる人もいるでしょう。店内で飲食するにもかかわらず、適用される税率は8％です。隣のテーブルで10％の消費税を支払った人がハンバーガーを食べていたらどんな気持ちになるでしょうか。初めから店内飲食をするつもりでも軽減税率を狙ってあえて「持ち帰り」と言う人が増えるかもしれません。税制上はこれを取り締まるすべはありません。

## ●──球場での飲食、配送料なども焦点に

15年12月中旬に軽減税率の大枠が決まり、財務省は関係省庁から線引きなどをめぐる質問を募りました。関係省庁が所管する業界団体などから寄せられた線引きに関する質問は1000を優に超えたと言われています。**細かく見**

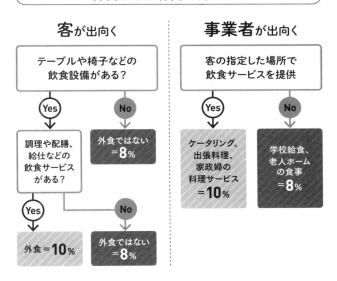

**ていけばグレーゾーンはいくらでもあります。**

例えば、レストランでコース料理を食べ、途中から持ち帰った場合はどう扱うのでしょうか。うなぎのコースでは最後のうな重を持ち帰るケースも少なくありません。うな重も含めて10%の標準税率を適用するのか、それともうな重だけは8%の軽減税率を適用するのか。国税庁の通達などによると、うな重が提供された時点で外食か持ち帰りかが確定するため、このケースは軽減税率が適用されません。

野球場の売り子から飲食料品を買う場合もグレーゾーン

です。球場には椅子があり、そこでジュースをついでもらえば外食にあたりそうな気もします。ただ、備え付けの椅子は外食の要件である飲食設備と言えるかどうか微妙です。

外食か否かの線引きだけでなく、飲食料品とそれ以外を組み合わせたセット商品にもグレーゾーンがあります。例えば、送料込みの商品です。送料込みで5000円といった飲食料品がありますが、これは飲食料品と配送サービスを組み合わせたセット商品のような性質をもっているようにもみえます。送料をどう表示するかで税額が変わる可能性が残されており、事業者の間で混乱が生じそうです。

# Q20

# 事業者の商品開発に どのような影響がありますか？

節税商品の開発に力が入るかもしれません。
軽減税率を導入している海外では
実際にそのようなことが起きているようです。

## ◉──組み合わせ商品の開発が活発に

軽減税率が導入されると、メーカーなどの商品開発に変化が生じるとみられています。**経済界などでささやかれているのは、軽減税率の対象として税率8％の適用を受けられる節税商品やサービスの開発に各社が力を入れるという動きです。**

軽減税率8％の飲食料品と標準税率10％のその他物品を組み合わせたセット商品が節税に活用される可能性があります。飲食料品の価格がセット商品の3分の2以上で、総額が1万円以下であれば全体に8％の軽減税率を適用する見通しです。例えば、玩具と菓子のセット商品では菓子の比率を3分の2以上にすれば玩具の部分まで税率8％になります。このような商品開発が増えるでしょう。

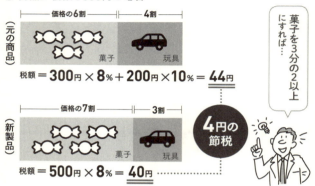

最近、日本国内でもよく見かけるバッグの付録が付いた雑誌は、もとは海外で生まれたものだと言われています。雑誌が軽減税率の対象、なおかつバッグが対象でない国で、バッグにも軽減税率を適用するためにこうしたセット商品が開発されたそうです。税率を下げた方が消費者に買ってもらいやすいので、こうした商品開発の動きは理にかなっているとも言えます。

## ◉──イートイン、フードコートでも新たな取り組み

コンビニエンスストアのイートインやショッピングセンターのフードコートでもなるべく軽減税率を適用するよう

**に事業者が工夫するかもしれません。**レジ袋や紙袋で包装して持ち帰る想定で手渡せば8％の軽減税率が適用されるのに対し、トレーなどに載せて配膳すると10％の標準税率がかかってしまいます。お客が買ったその場で飲食するかどうかはっきりしない場合でもあえて包装して販売すれば消費税は8％に抑えられるかもしれません。

# Q21

## 買い物のとき店頭で
## 混乱しませんか？

**A** スーパーや薬局で戸惑うことが
あるかもしれません。
税率の異なる類似商品が
同じ棚に並んでいることもあるからです。

◉——調味料の棚で混乱も

　軽減税率の導入で、買い物のときに混乱が起きると心
配する声もあります。酒と外食を除くすべての飲食料品が
対象ですから、スーパーなどの小売店で買う飲食料品の
大部分は税率8％です。ただ、調味料のみりんが軽減税
率の対象から外れていたり、ドリンク剤に軽減対象とそう
でないものがあったりして、戸惑うこともありそうです。

　食品スーパーの調味料コーナー。しょうゆやポン酢など
の棚にみりんと料理酒が近くに並んでいることがあります。
みりんと料理酒は1つの料理をつくるときに合わせて使うこ
とも多く、非常に相性の良い調味料と言えます。ただ、軽
減税率の導入後、料理酒の税率は8％に据え置かれます

> 同じ棚の商品で税率が違うことも

が、みりんは10％に上がります。レジに持っていって初めて税率の違いを知らされたお客は違和感を持つでしょう。

　食塩などをたくさん含み飲用に向かない料理酒は「酒」という文字が入っているにもかかわらず酒税法上の酒類ではありません。アルコール分を1％未満に抑えたみりん風調味料もあります。水あめなどの糖類や米、米麹、うまみ調味料などをブレンドしており軽減税率の対象です。一方、みりんは酒税法上の酒類として明確に位置付けられています。

## ◉──分かりづらいドリンク剤

　ドラッグストアでは疲れた現代人のためにドリンク剤が何種類も売られています。ここにも混乱の要因が潜んでい

ます。**ドリンク剤にはジュースと同じような清涼飲料水に分類されるものもあれば、医薬部外品に区分されるものもあるのです。**清涼飲料水は8％の軽減税率の対象ですが、医薬部外品には10％の標準税率がかかります。元気になるために飲む点は同じなのに、なぜ税率が異なるのか理解に苦しむ人もいることでしょう。

# Q22 食品表示法は どのような法律ですか?

食品の安全性を確保したり、消費者が合理的に食品を選択するのを助けたりするために制定された法律です。食品にかかわる事業者は食品表示法に沿って、食品の名称やアレルゲン、保存の方法、消費期限、原材料、添加物、栄養成分の量、カロリー、原産地などを表示することになっています。2019年10月からは、食品表示法に規定する食品を軽減税率の対象として税率を8%に据え置きます。違う目的で制定された法律でしたが、ちょうどうまく「食品」を定義していたので準用することにしました。

→巻末資料1も参照して下さい。

# Q23 食品衛生法とは何ですか?

食中毒など飲食による健康被害を防ぐための法律です。食品や添加物などの基準を定めています。レストランや喫茶店などの飲食店を営む事業者は、食品衛生法に基づいて都道府県知事の許可を受けることになっています。許可を与えるかどうかの判断のために保健所が立ち入り検査します。2015年末に政府が閣議決定した16年度税制改正大綱では、「食品衛生法上の飲食店営業や喫茶店営業などを営む事業者が、一定の飲食設備のある場所で提供する食事」を外食と定義し、軽減税率の対象から除くことにしました。

→巻末資料2も参照して下さい。

# Q24

## どのような新聞が軽減税率の対象になりますか？

**A** 定期購読契約を結んだ
週2回以上発行する新聞です。
書籍や雑誌の扱いは
引き続き検討することになっています。

### ●──インターネット版は対象外

　軽減税率は飲食料品だけでなく、新聞にも適用されます。あらゆる新聞が対象というわけではなく、定期購読する週2回以上発行の新聞に限ります。税制改正の関連法には「一定の題号を用い、政治、経済、社会、文化などに関する一般社会的事実を掲載する新聞」を対象にすると明記しています。新聞を対象にすることで消費税収が予定より約200億円減ることになります。飲食料品と合わせた軽減税率の導入に伴う減収額は約1兆円です。

　軽減税率の対象となる新聞は全国紙や地方紙などの一般紙だけではありません。定期購読のスポーツ紙や業界紙なども幅広く対象に含まれます。一方、駅の売店やコン

### 新聞は軽減対象、書籍は継続検討

| | | |
|---|---|---|
| 新聞 | 定期購読契約が締結された、政治、経済、社会、文化などに関する一般社会的事実を掲載する週2回以上発行の新聞を対象に |  |
| 書籍・雑誌 | 日常生活における意義、有害図書排除の仕組みの構築状況などを勘案しつつ、引き続き検討 |  |

（注）2016年度与党税制改正大綱から抜粋

ビニエンスストアなどで購入した場合、軽減税率は適用されず、10％の標準税率がかかります。

　軽減税率の導入を決めた自民、公明両党の機関紙は明暗が分かれました。自民党の機関紙の「自由民主」は毎週火曜日にしか発行しないため対象外です。一方、公明党の機関紙の「公明新聞」は日刊紙のため軽減税率が適用されます。**与党は最近増えている新聞のインターネット版などは現時点で対象に含める考えはないようです。**インターネットの世界に対象を広げると、どこまで認めるか収拾が付かなくなると懸念しているためで、あくまでも紙の新聞の定期購読に限定する考えです。

| 新聞や書籍への軽減税率は海外では一般的 | | | | |
| --- | --- | --- | --- | --- |
| | 英 国 | フランス | スウェーデン | ドイツ | 日 本 |
| 標準課税 | 20% | 20% | 25% | 19% | 10% |
| 新聞<br>書籍<br>雑誌 | 0% | 2.1%<br>(書籍は<br>5.5%) | 6% | 7% | 8%<br>(書籍・雑誌<br>は未定) |

(注) 海外は2015年1月、日本は19年10月時点

## ◉──新聞の軽減税率適用は、世界的な潮流

　日常生活に欠かせない飲食料品に加えて新聞が軽減税率の対象になったのはなぜでしょうか。自民、公明両党の税制調査会の幹部のなかで、新聞の公共性の高い報道は民主主義のために必要不可欠だとの意見が多かったためです。質の高い民主主義が成り立つためには言論・出版の自由が保証されていなければならないという考え方が背景にあります。多様な言論が繰り広げられることにより、真理や誤りがおのずと選別されていくという考え方です。新聞は綿密な取材による真実の追求を通じて、政府

や企業などの統治に目を光らせ、権力をチェックする役割を果たす必要もあります。

　古くから軽減税率の根付いた欧州でも多くの国が新聞に軽減税率を適用しています。英国やベルギーなどは新聞にかかる税率をゼロ％にしています。標準税率が20％のフランスでは新聞に2.1％の軽減税率を適用しています。標準税率が25％のスウェーデンは6％、標準税率が19％のドイツは7％に抑えています。**知識への課税を最低限に抑えるのは世界的な潮流と言えるでしょう。**

# Q25

## 有害図書は
## どう排除するのですか?

**A** 地方自治体が不健全図書を指定していますが、
基準は統一されていません。
出版業界の自主規制に基づいて排除し、
問題ない書籍や雑誌に軽減税率を
適用する案も浮上していますが、
現段階で実現性は不透明です。

### ◉──「有害」の基準はバラバラ

　週2回以上発行される新聞の定期購読が軽減税率の
対象になることが決まった一方、書籍や雑誌の扱いは引き
続き検討することになりました。書籍や雑誌も軽減税率の
対象にすべきだとの声が強いですが、ポルノや暴力的な
描写などを含む有害図書を排除する仕組みが整っていな
いため、2016年度の与党税制改正大綱では軽減税率の
対象に含まれませんでした。今後どのように有害図書を排
除することが考えられるでしょうか。

　有害図書に関しては、地方自治体が独自の判断で青少

**書籍・雑誌を対象にするには有害図書の排除が課題**(仕組みの一案)

年に有害とされる図書類を「不健全図書」などに指定していますが、「有害」の基準は自治体ごとにバラバラです。

政府の菅義偉官房長官は「政府で決めると表現の自由などの問題がある。有害図書は(出版業界に)自主規制してもらい、議員立法で決めることが必要だ」と指摘しました。**ただ、議員立法であっても国が基準を示すのは適切でないとの声も与党内に根強く、どうするのか現段階では方向性は見えていません。**こうしたなか、政府・与党は書籍や雑誌について、軽減税率の適用に必要な基準づくりを16年の通常国会では見送ることにしました。

### ●── 有害の線引きは、そもそも現実的か？

仕組みさえ整えば、書籍や雑誌を軽減税率の対象に含

めるかどうか改めて検討される見通しですが、それがいつ
になるか分かりません。19年10月の軽減税率導入時に間
に合わない可能性もささやかれています。

　**与党内には有害図書と健全な図書を明確に分ける線
引きがそもそも現実的でないといった意見もあります。**「書
籍・雑誌を丸ごと対象にするか、全く対象にしないかの二
択になる可能性がある」などという声も出ています。

# Q26

## 適用する税率が8%か10%か分からないときは？

**A** 国税庁のウェブサイトの「Q＆A」などで確認できます。それでもよく分からない場合は全国の税務署に設けられる相談窓口で直接問い合わせてみましょう。

◉──まずはQ&Aを確認

　酒と外食を除くすべての飲食料品が対象になる消費税の軽減税率。税制改正の関連法案が成立し、2016年4月により細かい部分を規定する政省令がまとまりました。さらに、国税庁も法令の解釈を定める通達を公表しています。国税庁のウェブサイトには「こんな場合の税率は？」といったよくある質問とそれに答える形の「Q&A」コーナーも設けられています。すべてを読むのは面倒ですが、トラブルを避けるには制度をよく理解しておくのが得策と言えるでしょう。

　法律では対象品目の線引きの大まかな内容しか示されません。例えば、飲食料品とその他の物品を組み合わせ

第2章 ｜ 対象商品はどう見分ける 103

### 適用税率に迷いそうな事例がたくさん

#### 飲食店で

- うなぎ店のコース料理のうな重を持ち帰るときは、うな重だけ8%?
- 持ち帰ると言ったハンバーガーをお客が店内で食べていたら10%?

#### 売り場で

- 食品と非食品合わせて税抜き1000円の買い物に500円の割引券を出したとき、どちらを優先的に割り引く?
- 普段1万5000円の重箱入りおせちを割引後8000円で売る場合、全体が軽減対象に?

うな重は持ち帰り用に包んで。ところで税率は?

た玩具付き菓子のようなセット商品の扱いは政令で規定されます。法律ではセット商品を軽減税率の対象に含むかどうかについて「食品と食品以外の資産が一の資産を形成し、または構成している一定の資産を含む」と書くだけです。政令では「一体資産の額が1万円以下であり、食品部分の占める割合が3分の2以上のもの」を対象にすると明記し、法律よりもかみ砕いて示します。

ただ、法律や政令はお役所言葉がたくさん使われており、非常に読みにくい文章になっています。毎日の仕入れや販売、商品開発などのなかで「この商品の税率はどちら

だろう」と判断に迷ったときに確かめやすいのは、分かりやすい表現で書かれた「Q&A」でしょう。国税庁が16年4月にも、よくある質問と回答を公表し、その後も改訂しています。

　例えば「コース料理を店内で食べて一部だけ持ち帰る場合は軽減税率ですか」といった細かい事例まで確認できるはずです。実際にうなぎ店のコース料理では最後に出てくることの多いうな重を持ち帰るお客も多いそうですが、外食か持ち帰りかの判断は提供された時点で決まるという考えが示されています。国税庁のウェブサイトで関係法令などと一緒に見ることができるので、分からないときはまずはここを見るとよいでしょう。

## ◉──迷った時は税務署に相談を

　ただ、細かく見ていけば税率が8％か10％か一目では分からない事例が山積するでしょう。日常の商売には返品や割引券、タイムセールといったさまざまな販売手法やイベントが存在します。国税庁のウェブサイトで「Q&A」を読んだとしても、分からない事例が数多く残るでしょう。こうした場合はどうすればよいのでしょうか。

　全国に524カ所ある税務署が相談を受け付けることになっています。近くの税務署の窓口に足を運んでもよいでしすし、電話でも相談できます。国税庁は軽減税率の相談

第2章　対象商品はどう見分ける　105

> 8％か10％か迷ったときは？

に答えるための相談員を確保しています。ただ、税務署に問い合わせてもすぐに答えが返ってくるとは限りません。税務署の職員でも軽減税率の対象かどうか判断に迷う「グレーゾーン」がある程度残るとみられるからです。回答が後日になることもあるでしょう。

ある程度は仕方ないとしても、質問してから1カ月もたった後に回答されたのでは商売が滞ってしまいます。税務署にはなるべく早く回答する努力が求められそうです。軽減税率を導入している海外の国では、質問を受けてから遅くとも1週間で回答するという目標を掲げていた例もあるそうです。日本の税務署も一定の目標期間を設けるかもしれません。

## ◉──独断で決めるのは危険

判断に迷ったときに事業者の独断で税率を決めるのは極めて危険ですので、やめましょう。本来8％の軽減税率で販売すべき商品を10％で売ったり、逆に誤って低い税率で売ってしまったりすれば、顧客とのトラブルの原因になりかねません。税務署から過去にさかのぼって納税額の修正を求められるといった面倒な事態に発展するリスクもあります。そのときに納税資金が手元にない企業には死活問題になってしまいます。面倒ではありますが、迷ったら税務署に相談したほうが無難でしょう。

# Q27 具体的な線引きは どのように進んでいますか？

軽減税率の適用対象の線引きについての基本的な考え方は、国税庁長官の名前で2016年4月12日に出された「消費税の軽減税率制度に関する取扱通達の制定について」という法令解釈についての通達にまとめられています。食品の範囲や、イートインとテイクアウトの線引きについての考え方が示されました。通達に書かれた考え方にそって「消費税の軽減税率制度に関するQ&A」も出されており、細かい事例ごとの線引きはQ&Aで説明されています。Q&Aには制度概要編と個別事例編があり、16年4月以降も国税庁によって順次改定されています。飲食店の運営者は必ず確認するべき資料でしょう。

# Q28 政府はどのような広報をしますか？

全国の商工会議所や税務署を通じた広報活動を展開します。2015年度補正予算で170億円を計上しました。商工会議所や商工会などが国の委託を受け、小売事業者に対して国の補助金の紹介や経理の講習会などを実施します。税務署も制度の周知や相談対応をします。このため16年度予算では電話オペレーターの人件費など9.8億円の費用を計上しました。適用税率に迷った事業者の相談に答えるなど制度の解説が中心になります。軽減税率の導入前にはテレビCMなどで個人向けの政府広報も行われるようです。

Column

## 消費税の歴史2——2度の引き上げへの道

　1989年に消費税の導入にこぎ着けると、3%でスタートした税率を引き上げることが旧大蔵省（現財務省）の悲願になりました。「55年体制」が終わり93年に発足した非自民・非共産の連立政権で、官僚の奔走ぶりを国民の脳裏に焼き付ける出来事が起きました。94年2月の国民福祉税騒動です。

　当時、細川護煕首相が深夜の首相官邸で緊急の記者会見を開き、税率3%の消費税を廃止する代わりに、税率7%の国民福祉税を創設する構想を唐突に発表しました。与党の実力者だった小沢一郎氏と連携しながら、新税構想の青写真づくりを主導したのが大蔵省で10年に1人の大物次官といわれた斎藤次郎氏です。

　しかし、深夜の記者会見の内容はテレビを見ていた人たちだけでなく、連立与党の関係者にとっても寝耳に水。税の名称を変えた実質的な消費増税を根回しもなく突然提案した細川氏への反発が与党内に広がりました。結局、国民福祉税構想は直後に撤回に追い込まれ、細川政権は2カ月後の94年4月に退陣したのです。

　その後、村山富市首相が率いた自民、社会、新党さきがけ3党の連立内閣で94年、税率を5%に上げる改正消費税法が成立。97年4月、橋本龍太郎首相が増税を実現しました。しかし、タイミング悪く日本経済はアジア通貨危機もあって変調を来し、98年にかけて大手金融機関が相次ぎ破綻す

第2章　対象商品はどう見分ける　109

る危機に陥りました。この時期を入り口に日本は長く不良債権とデフレの問題に悩まされることになります。

97年に消費増税、特別減税の打ち切り、医療費の自己負担で合計9兆円の国民負担を増やし、国内景気の悪化が決定的になったとして野党は失政批判を強めました。橋本政権は翌年の参院選で大敗を喫して退陣。このときの「失敗」体験が日本社会の消費税に対する苦手意識を強めた面は否めません。

「国債発行30兆円枠」で財政規律にこだわる方針を示して2001年に就任した小泉純一郎首相は、在任中の消費増税を明確に否定しながらも「議論はタブー視せずにやってほしい」というスタンスでした。石弘光会長の政府税制調査会が03年の答申で将来の消費税率2ケタの必要性に言及。店頭での商品の価格表示について、本体価格に消費税を加えた総額表示を義務付ける変更もこの頃でした。総額表示は消費税率が20%前後の欧州諸国では一般的で、日本でも将来の増税への布石とみなされていました。

小泉首相の後の自民党政権で議論の舞台になったのが政府の社会保障国民会議。名前の通り、高齢化が進み、年金をはじめとする社会保障制度をどう持続させていくかを論じるなかで消費増税が必然だと指摘しました。08年、当時の麻生太郎首相は、景気回復と行政改革を前提に「3年後に消費税率引き上げをお願いしたい」と言明しました。

政権交代で09年に就いた民主党の鳩山由紀夫首相は「4

年間は増税しない」と宣言していました。しかし、2代後の野田佳彦首相の下で野党の自民・公明両党との協議が本格化し、12年6月に3党合意を締結。消費税率を14年4月に8%、15年10月に10%へと引き上げる道筋が示されたのです。

第**3**章

経理部門・
システム担当は
何に備える

# Q29

## インボイスって何ですか？

**A** 消費税をいくら受け取ったり
支払ったりしたかを記録する書類で、
軽減税率の開始に合わせて導入されます。
売り手が買い手に対して発行します。
保存しておけば後で消費税をいくら
やりとりしたかを突き合わせて
確認することができます。

◉──後で計算できるように記録

　事業者同士が商品を取引したとき、通常、何をいくらで
売り買いしたかを記した請求書や納品書を発行します。請
求書はこんな商品を売ったのでいくら支払ってほしいとい
うこと、納品書はいつ何を渡したということを伝えるための
書類です。軽減税率が始まると、新たにインボイス（税額票）
と呼ばれる伝票の発行が必要になります。**インボイスは売
り手と買い手が消費税をいくらやりとりしたかをきちんと把
握して正確に納税することが一番の目的です。**

　なぜわざわざ新しい伝票が必要になるのでしょうか。そ
れは軽減税率になると、商品にかかる消費税率が複数に

## インボイスになると、こう変わる

### 現行の請求書

- 発行者名
- 取引年月日
- 取引の内容
- 取引額
- 受領者名 ……を書くのが一般的

**請求書** 2016年2月分

○○御中

| 1日 | 食品 | 5400円 |
| 8日 | 文房具 | 5400円 |
| ︙ | | |
| | 合計 | **21600**円 |
| | | (税込) |

△△(株)

### インボイス

**以下の項目の追加記載が必要に**

軽減税率の対象であることが分かる印

**請求書** 2023年10月分

○○御中

| 1日 | 食料品(※) | 5000円 |
| 8日 | 文房具 | 5000円 |
| | 合計 | **20000**円 |
| | 消費税 | 1800円 |

| 10%対象 | 10000円 |
| 消費税 | 1000円 |
| 8%対象 | 10000円 |
| 消費税 | 800円 |

△△(株)　　事業者番号×××

税率ごとの取引額消費税の額

事業者ごとに割りふられる番号

なるからです。税率が1種類のままであれば請求書や納品書に書いてある全体の取引額だけで、その中にいくら消費税が含まれているのか計算できます。消費税率が8％として、全体の取引額が税抜きで100万円なら100万円×0.08＝8万円です。請求書などがあれば1カ月分でも1年分でも後でまとめて納める消費税額を計算することができます。

ところが軽減税率の導入で税率が複数になると1つの

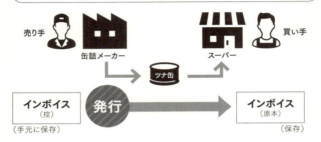

取引のうち税率が8％の商品の取引額がいくらで10％の商品の取引額がいくらかをはっきりさせないと合計の消費税額の計算ができなくなります。後で計算ができるように税率ごとの取引額などを記録しておくのがインボイスの役割です。

## ●──請求書とインボイスの違い

現在使われている請求書とインボイスがどう違うのか、具体的に見てみましょう。請求書では、請求書を発行した事業者の名前、取引した年月日、取引した商品名、取引額、請求書を受け取る事業者の名前を書くのが一般的です。インボイスにはこれらの項目に加えて、「軽減税率の対象商品かどうかの区別」、「8％と10％の税率ごとに分けた取引額」、「消費税の額」、「事業者ごとに割り振られる事業者番号」が必要になります。

請求書では全体の取引額を書いている場合が多いですが、今後は8％の対象商品の取引額がいくらか、その取引額に対する消費税額がいくらか、10％の対象商品の取引額がいくらか、その取引額に対する消費税額がいくらかなどを書く必要があります。決まった書式はありませんが、記載する項目が増えるので書類を作る手間は今よりも増えます。

　一方、作ったインボイスは請求書として事業者間の取引で活用することも可能です。インボイスは法律上、「適格請求書」という名称で呼ばれます。文字通り請求書にもなります。

　インボイスをやり取りする流れは請求書と同じです。商品を販売した事業者が購入した事業者に対して発行します。このとき、発行した事業者は控えを取っておき、受け取った事業者は原本を保存しておくことになります。税務署に消費税を納める際に納めなくてもいい分を納税額から差し引いたり、税務署から納税額が適正かどうかを調査された際に正しさを証明する書類になったりします。事業者番号は税務署が管理しており、何か不正の疑いがある事業者のインボイスの追跡が簡単になるようにしています。

## ◉──公平な徴税になるとの期待も

　インボイスは海外にもあります。日本の消費税にあたる

付加価値税をすでに導入している欧州連合（EU）の各国ではインボイスが使われています。日本は導入にあたってはEUの制度を参考に議論してきたこともあり、日本の制度とEUの制度は基本的には同じ制度の枠組みです。商品の適用税率や事業者に割り振られる番号を書きます。

　消費税は基本的には、事業者が「うちはいくら納めます」と申告する仕組みです。消費税率が複数になると、本当は高い税率で売ったのに低い税率で売ったことにするなどの不正が横行する可能性があります。インボイスはそうした不正を防ぐため、取引を透明化するためでもあります。

**インボイスの導入により、本来納められるべき消費税が事業者の手元に残る「益税」が少なくなり、公平な徴税につながるという期待もあります。**

# Q30

## インボイスの書式に
## ルールはありますか？

**A** 明確にはありません。
法律で決まっている「消費税の額」
などの項目が書いてあれば書式は自由です。
軽減税率の対象品には印をつけるなどして
非対象品と区別する必要があります。

### ◉──書くべき7つの項目

インボイス（税額票）に書かなければいけない項目は消費税法で決まっています。法律上は「適格請求書」と言いますが、書くべき項目としては、①インボイスを発行した事業者の名前、②事業者に割り当てられている事業者番号、③取引した年月日、④取引した商品やサービスの名前（軽減税率の対象品と非対象品の区別）、⑤税率ごとに合計した税抜きか税込みの取引額、⑥消費税の額、⑦インボイスを受け取る事業者の名前──の7つがあります。現在使っている請求書は軽減税率かどうかを区別していませんし、事業者番号もありませんので、そのままではインボイス

第3章 ｜ 経理部門・システム担当は何に備える 119

## このようなインボイスが認められる

**OK** 「軽減税率の対象品である旨」は区別さえできれば書き方は自由

請求書　2月分
○○御中
5日 りんご※　150円

請求書　2月分
○○御中
5日 ●りんご　150円

請求書　2月分
○○御中
5日 りんご(8%) 150円

**NG**

請求書　2月分
○○御中
8日 飲食料品　5,000円
　　（酒含む）

軽減税率の対象品（酒以外の飲食料品）と非対象品（酒）をまとめて書くことはできない

として有効ではありません。

ただ、書くべき項目が書いてあれば書式は自由ですので、現在の請求書に必要な項目を書き足すことでインボイスとして使うことができます。請求書をパソコンで作成している事業者であれば、現在の請求書のデータに項目を追加してインボイスとしても構いません。

### ◉── 対象品である旨を明記する

インボイスを発行するうえで現在の請求書と最も大きく異なるのは軽減税率の対象品かどうかを区別することでしょう。法律では「軽減税率の対象品である旨」を書かな

ければならないとされていますが、区別さえできればいいというのが財務省の見解です。**軽減税率の対象品に何か印をつけてもいいですし、8％といった適用税率を直接書いても大丈夫です。**例えばりんごを取引する場合には「りんご※」や「●りんご」、「りんご（8％）」とすることが考えられます。

　軽減税率かどうかの区別をつける必要があるため、軽減税率の対象品と非対象品をひとまとめにして書くことはできません。

第3章 ｜ 経理部門・システム担当は何に備える　121

# Q31

## インボイスは何に使うのですか？

 税務署に納める消費税額をきちんと計算することに使います。
納税額から仕入れ先に支払った消費税額を差し引ける制度の利用にはインボイスの保存が必要です。

---

● ── 二重課税を防ぐ制度

　消費税は土地の譲渡や貸し付けなど一部を除く商品やサービスの取引に原則としてかかります。衣料品を例にとると、繊維メーカーが衣料品メーカーに繊維を販売する際、衣料品メーカーが卸売業者にシャツを販売する際、卸売業者が小売業者にシャツを販売する際、小売業者が消費者にシャツを販売する際、すべての取引に消費税が発生します。流通の各段階で税金がかかることを「多段階課税」と呼びます。

　消費税8％で、衣料品メーカーが税抜き価格2万円（消費税1600円）で繊維を仕入れ、税抜き価格5万円（消費

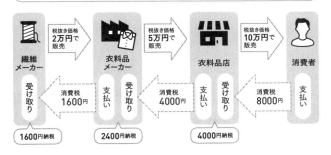

税4000円）でシャツを販売したとします。衣料品メーカーは仕入れ時に消費税を支払っています。それにもかかわらず販売価格の5万円にかかる消費税4000円を全て納めることになると、衣料品メーカーからみれば仕入れ価格に対する消費税を2重に支払うことになってしまいます。そのため、納税額を計算するには4000円から1600円を引いて、差額の2400円を納めれば済むようになっています。**この仕組みを「仕入れ税額控除」と呼びます。**

## ●——仕入れ税額控除はどうなる？

仕入れ税額控除の仕組みを活用するには、現在は仕入れ先が発行した請求書などを保存しておくことが条件になっています。インボイス（税額票）の導入後はインボイスの保存が条件になります。実際に税務署に提出する必要

はありません。インボイスに書いてある消費税額を使ってきちんと計算し、計算に使ったインボイスを保存しておけば大丈夫です。

　請求書は課税売上高1000万円以下の免税事業者も発行できますので、免税事業者から仕入れた場合でも仕入れ税額控除は可能です。**ただ、インボイスになると免税事業者は発行することができませんので、免税事業者から仕入れる場合は、時限的な特例措置もありますが、原則として仕入れ税額控除の活用はできなくなります。**

# Q32 インボイスに虚偽を書いたら?

処罰されます。軽減税率が始まると、事業者が本当は税率が10%の商品なのに軽減税率の8%で売ったことにして2%分を自らの懐に入れるなどの不正が横行する懸念があります。インボイス(税額票)は納めるべき消費税額をきちんと把握することを目的に、取引した消費税額の記載などを義務付けています。虚偽内容を書いた場合の罰則を設けることで、不正の抑止力にしたいと考えています。取引先から求められたのにインボイスを発行しない場合も罰則が科されます。

# Q33 消費者にもインボイスを渡すのですか?

インボイス(税額票)はあくまで事業者間でやりとりするもので、消費者に渡す義務はありません。ただ、例えばスーパーには喫茶店の店主が食材を買いに来ることもあります。このような客を区別してインボイスを発行しようとすると現場が混乱しかねません。このため、スーパーやタクシーなど不特定多数を相手にする事業者には受領者名を省略したインボイスを発行できる特例を設けます。スーパーなどはレシートをインボイスに対応した書式にしておけば、改めてインボイスを発行する手間を省けます。

第3章 | 経理部門・システム担当は何に備える　125

# Q34

## 個人から中古車を
## 買い取るときも
## インボイスが必要？

**A** 必要ありません。
消費者がインボイスを発行するのは
難しいため、中古車や古着などを
個人の消費者から買い取る場合は、
帳簿に記しておけば、仕入れ時に払った
消費税を差し引く「仕入れ税額控除」の
適用を受けられる特例があります。

#### ◉──自社の帳簿に記載すればOK

　事業者にとってインボイス（税額票）を発行する大きなメリットが仕入れ税額控除の適用を受けられることです。ただし、事業形態によっては商品の仕入れ先からインボイスを受け取ることが難しい場合があります。こうした場合にインボイスがなくても仕入れ税額控除ができる特例をいくつかつくることにしています。

　まずは中古車や古着、古本など中古品を消費者から買

### こんな場合はインボイスなしでも「仕入れ税額控除」できる

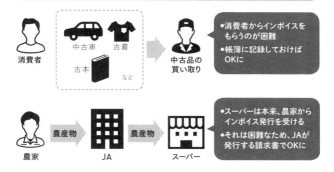

い取る場合です。中古品を買い取る場合にも消費税はかかります。多くの場合は買い取り価格に含まれているため、買い取り価格のうち消費税がいくらと意識する消費者は少ないかもしれません。例えば、消費税率を8％として買い取り価格が10万円なら、明示されていなくても10万円×8÷108＝7407円が消費税として含まれていることになります。

中古品買い取り業者は中古品を買い取って別の消費者に販売しますから仕入れ税額控除の対象になります。ただすべての消費者にインボイスを発行してもらうのは現実的ではありません。消費者から見ても買い取ってもらうたびにインボイスをつくって買い取り業者に渡すのは非現実的です。

**このため、中古品買い取りの場合はインボイスがなくて**

**も買い取り業者が自社の帳簿に記載しておけば仕入れ税額控除ができる特例を認めることにしています。**この特例は現在もあり、インボイスが始まっても維持されます。事業に使うモノを自動販売機で購入した場合も同様です。

## ◉──特例が認められる場合

インボイスがなくても仕入れ税額控除ができる例として、ほかに農協や漁協を通じた農水産物などの販売があります。農協は農家がつくった農産物を集めて、ある程度の量をまとめて卸売市場やスーパーに販売することが基本的な事業手法です。このとき農協は厳密には農産物の販売を仲介しているだけで農産物の売買は農家とスーパーなどの間で成り立っています。スーパーは本来、個々の農家からインボイスをもらわなくてはなりませんが、難しいためスーパーは農協が発行した請求書などがあれば仕入れ税額控除ができます。これも現在ある特例で、インボイスが始まってからも続くことになっています。

インボイスを発行できない課税売上高1000万円以下の免税事業者から仕入れた場合も、インボイスを導入してから一定期間はインボイスがなくても仕入れ税額控除をできる特例をつくります。現在は免税事業者から仕入れた場合でも免税事業者が発行した請求書などがあれば、仕入れをした事業者は仕入れ税額控除をすることができます。**た**

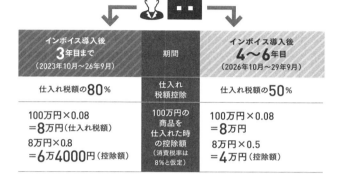

**だしインボイスが導入されてから一定期間後には、インボイスがなければできなくなります。**事業者にとっては仕入れ税額控除ができないと消費税を二重で支払っているようなものですから、免税事業者からインボイスを発行できる事業者に仕入れを切り替える動きが出てくる可能性があります。

◉──導入7年目以降は特例はなくなる

**この特例の具体的な仕組みは、インボイスを導入してから3年間は仕入れにかかる消費税の80％を仕入れ税額控除に使えるようにします。**消費税率8％で考えると、108万円で商品を仕入れたとするとこのうち8万円は仕入れに

かかっている消費税ですので、8万円×0.8＝6万4000円を仕入れ税額控除に使えることになります。インボイスを導入してから4年目から6年目の3年間は仕入れにかかる消費税の50％と割合を縮小させます。

　インボイスを導入している海外でも免税事業者はインボイスを発行できないことになっています。日本は零細事業者が多いため、こうした時限的な特例を設けることになりました。ただし、7年目から特例はなくなります。

# Q35

## インボイスには
## 簡易方式があるのですか？

**A** 軽減税率が始まる2019年10月から
4年間は本格的なインボイスへの
経過措置として簡易方式を使います。
本格的なインボイスは23年に導入されます。

### ◉──現在の請求書をベースにした簡易方式

　軽減税率の導入に合わせて事業者の経理も切り替える
ことになっていますが、見直しは2段階で実施します。現在
の方法から段階的な変更にすることで事業者に無理なく
対応できるようにしてもらうためです。軽減税率を導入する
19年10月から4年間はインボイス（税額票）を簡易方式に
して、23年10月からは発行の義務や不正に対する罰則が
伴う本格的なインボイスを導入することになっています。

　簡易方式がどういうものか具体的に見てみましょう。これ
まで説明した通り、軽減税率のように消費税率が複数に
なると取引の中にいくらの消費税額が含まれているかをき
ちんと把握するため、取引する商品が軽減税率の対象か

第3章　｜　経理部門・システム担当は何に備える　131

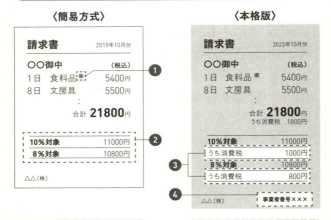

どうかを区別する必要があります。簡易方式のインボイスでもこの区別をつけます。また、後で消費税額を計算しやすいように税率ごとに合計した取引額も記載します。現在の請求書と簡易方式のインボイスの違いは、この「区別」と「税率ごとの取引額」の2点を書くかどうかです。

インボイスの書式は自由です。区別をつけるには「※」や「★」などの記号でもよいですし、「りんご（8％）」などと税

率を直接書き込んでも問題ありません。税率ごとにインボイスをつくることも可能です。現在の請求書をベースに簡易方式に必要な項目を書き加える事業者が多いかもしれません。法律上は簡易方式のインボイスは「区分記載請求書」という名称です。名称の通り現在の請求書に軽減税率の対象かどうかの区別をつけたもの、という風に理解すればよいでしょう。

## ◉──法的な力に格段の違い

　一方、簡易方式と本格版はどう違うのでしょうか。1つは記載項目です。本格版では簡易方式の項目に加えて、消費税額、事業者ごとに割り振られる事業者番号の2つを書く必要があります。インボイスをパソコンで作成しようとしている事業者は簡易方式、本格版と2段階で対応しようとすると逆に手間がかかるかもしれません。実際に大手スーパーなどからは「簡易方式でも本格版でもインボイスを発行するためにシステムを改修する手間は変わらない」との声があります。

　こうした事業者は改修の手間を抑えるため、19年10月の段階で本格版のインボイスを発行しても問題ありません。ただし、事業者番号が取得できるのは21年10月からとなりますので、事業者番号だけは後で簡単に追加できるようにしておくなどの対応が必要です。

## インボイスは2段階で導入

| 現在 | 2019年10月 軽減税率導入 | 2023年10月 |
|---|---|---|
| | ●簡易方式のインボイスを導入<br>●事業者番号の取得開始<br>（21年10月〜） | ●本格版のインボイスを導入<br>●インボイスの不交付や内容の不正に罰則も |

まずは簡易方式からでいいんだね

　発行する義務や虚偽の内容で発行した場合に罰則があるかどうかという点も、簡易方式と本格版で違いがあります。簡易方式は現在の請求書と同じように発行の義務はありませんし、罰則もありません。課税売上高1000万円以下の免税事業者も発行することができます。

　**一方、本格版は取引先から求められれば発行しなければならない義務がありますし、内容に虚偽があれば罰則も科されます。免税事業者は原則として発行できません。**
不正を防ぐための法的な力に格段の違いが出てきます。

### ◉──「準備が間に合わない」という声に応える

　軽減税率の導入をめぐる議論において、軽減税率を導入するならインボイスの導入もセットで、というのが財務省の考え方でした。税率が複数になると実際の税率と帳簿

上の税率を故意に使い分けて納めるべき消費税を少なくする不正が横行する恐れがあるほか、適用税率を間違えて結果的に納税額が少なくなって事業者の手元に消費税が多く残る事態が増えてしまうためです。インボイスの導入によって、こうした事態をなるべく減らしたいと考えました。

**ただし、軽減税率の導入は消費税率が10％に上がったときと決まっていましたので、事業者がインボイスを発行するための準備に充てられる時間が少なく、経済界から「準備が間に合わない」という意見も多く出ました。**このため、まず簡易方式を導入して、その後に本格版に切り替えるという折衷案になったのです。

# Q36

## 税率で売り上げを区別するのは大変では？

**A** 最初はおおまかな計算も可能です。課税売上高5000万円以下の事業者は2019年から4年間、そのほかの事業者は1年間に限って手間が少ない方法を使えます。

### ◉──零細事業者のための特例

　軽減税率が始まれば、販売した商品ごとに軽減税率の対象かどうかを区別して税率ごとに売上高や消費税額を計算しなければなりません。ただし、中小・零細事業者などは軽減税率の導入までにそうした経理の方法に切り替えができない恐れがあります。このため消費税額を簡単に計算できる特例を設けることにしています。

　課税売上高が5000万円以下の事業者は19年10月から4年間、次の3つの特例のいずれかを選べます。1つ目は仕入れ総額に占める軽減税率の対象商品の割合を出して、その割合を使って売上高に占める軽減税率の対象

136

## 売上総額に占める消費税額を計算するための特例

**売上高のうち消費税額がいくらかを把握するには
軽減税率の対象商品を1つ1つ管理することが原則**

難しい場合…

| 全体の売上高のうち軽減税率対象商品の売上高が何割かが分かれば計算可能 | ▶課税売上高5000万円以下の事業者は2019年10月から4年間<br>▶5000万円超の事業者は19年10月から1年間 |
| --- | --- |

### 3つの特例が認められる

| ❶ 卸売業者、小売業者が対象 | ❷ ❶以外の事業者 | ❸ ❶❷が難しい事業者 |
| --- | --- | --- |
| $\dfrac{\text{軽減税率対象商品の仕入れ額}}{\text{仕入れ総額}}$ | $\dfrac{\text{連続する10営業日の軽減税率対象商品の売上高}}{\text{連続する10営業日の売上総額}}$ | $\dfrac{50}{100}$ |

商品の売上高を出す方法です。

例えば、仕入れ額の軽減税率の割合が仕入れ全体の60％とします。全体の売上高が2000万円なら軽減税率対象商品の売上高は2000万円×0.6＝1200万円ですので、売上高に対する消費税額は（1200万円×0.08）＋（800万円×0.1）＝176万円です。仕入れた商品をそのまま販売する卸売業者や小売業者を対象にした特例です。軽減税率かどうかの区別は仕入れ時だけで済みます。

### ●──みなしで計算することもできる

2つ目は連続する10営業日の売上総額のうち、軽減税率の対象商品の売上高を調べて軽減税率対象商品の割合を出して計算に使う方法です。最初だけ税率の区別が

必要ですが、その後の負担は軽くなります。1つ目の方法が使えない事業者が対象です。

1つ目と2つ目が難しい場合は、軽減税率の売上高の割合を2分の1とみなします。売上高を税率ごとに分ける手間はゼロですが、納めるべき税額と実際の税額の差が大きくなる可能性があります。

**19年10月から1年間は売上高の規模にかかわらず、すべての事業者がこの3つの方法のいずれかを選べます。**

# Q37

## 仕入れでの
## 特例はありますか?

**A** あります。
売上高にかかる消費税額に
「みなし」の仕入れ率をかけて計算する
方法などが認められます。
期間は1年間と売り上げ時の特例よりも
短くなっています。

### ◉──仕入れ時には2つの特例

　売り上げ時の消費税額の計算と同じように、仕入れ時にも消費税額の計算を簡単にできる特例があります。大きく分けて2つあります。

　**1つ目は売上総額に占める軽減税率対象商品の売上高の割合を使って仕入れ税額を計算する方法です。**売り上げ時の消費税額の計算にも似たような方法があります。軽減税率対象商品の売上高の割合が60%とすれば、仕入れ総額に占める軽減税率対象商品の仕入れ額の割合も60%とみなして仕入れにかかる消費税額を計算します。

第3章 ｜ 経理部門・システム担当は何に備える　139

仕入れにかかる消費税額がいくらかを計算するための特例

**1 卸売業者、小売業者が対象**

軽減税率対象商品の売上高
売上総額

この式で仕入れ額に占める軽減税率
対象商品の仕入れ額を計算

↓

軽減税率対象商品と非対象商品の
消費税額をそれぞれ計算して、
全体の税額を計算

**2 ❶以外の事業者**

簡易課税制度を事前に届け出なくても
使えるように

売上高にかかる消費税額を計算

↓

そこに「みなし仕入れ率」をかけて、
仕入れにかかる消費税額を計算

　この方法は仕入れた商品をそのまま販売する卸売業者
や小売業者が対象です。特例期間は軽減税率を導入する
2019年10月から1年間です。

◉──業種ごとのみなし率が設定

　**2つ目の方法は売上高の一定割合の金額を仕入れて
いるとみなす「簡易課税制度」の活用です。**簡易課税制
度では売上高の何割が仕入れ額にあたるかを示す「みな
し仕入れ率」が業種ごとに設定されています。卸売業では
90％、小売業では80％、製造業では70％といった具合
です。簡易課税制度ではまず売上高にかかる消費税額を
計算します。仮に製造業者で売上高にかかる消費税額が
100万円であれば100万円×0.7＝70万円が仕入れにか
かった消費税額とみなし、その分を仕入れ税額控除に充

てることができます。つまり、実際に税務署に納めるのは100万円 − 70万円 = 30万円です。

　現在、簡易課税制度は課税売上高5000万円以下の事業者が対象です。制度を利用する事業者は事前に届け出る必要がありますが、今回の特例では届け出なくても使うことができます。軽減税率が始まる19年10月から1年間の時限措置で、課税売上高5000万円超の事業者も特例の対象です。

　**事前に届け出れば活用できる通常の簡易課税制度は軽減税率を導入して1年を経過した後も使うことができます。**

# Q38 「みなし」だと本来の消費税額は実際と異なるのでは？

　本来納めるべき消費税額と実際の納付額の違いを示すデータはあります。簡易課税制度についての会計検査院の2012年の調査では、みなし仕入れ率が90％の卸売業の実際の仕入れ率は82.3％でした。実際に仕入れ先に支払った消費税より仕入れ税額控除の方が大きく、納めるべき消費税が事業者の手元に残っていたことを示しています。製造業では7.9ポイント、サービス業では17.6ポイント、それぞれ実際の仕入れ率の方が低かったという結果が出ています。実態にあわせて、こまめに見直すことが必要と言えます。

# Q39 納税額はどう計算するのですか？

　インボイス（税額票）導入後の2023年10月からは「割り戻し計算」か「積み上げ計算」のいずれかの方法を選んで納税額を計算します。割り戻し計算は、税込み価格の売上高に「消費税率×100÷（1＋消費税率）×100」をかける方法です。税込み価格が100万円で税率10％なら、100万円×10÷110＝9万909円が消費税になります。積み上げ計算はインボイスに書いてある消費税額を1つ1つ足し合わせていく方法です。簡易方式のインボイスを使う期間を含め、23年10月までは割り戻し計算を使うことになります。

# Q40 事業者番号って何ですか?

　インボイス（税額票）を発行するにあたり、税務署長から割り当てられ、インボイスに記載する番号です。事業者は消費税を納めている税務署に2021年10月1日以降に申請すると番号を取得することができます。インボイスには事業者番号を書かなければなりませんので、インボイスを発行するのであれば番号の取得は必須です。インボイスの導入は23年10月ですが、その前に発行する請求書などに事業者番号を書いても問題ありません。番号を取得すると税務署は事業所名や番号などを公表することになっています。

Column

## 消費税の歴史3──繰り返された増税延期

2014年10月31日。安倍晋三首相はランチの席で三菱UFJ、三井住友、みずほの3メガバンクの首脳に囲まれていました。3メガは直前、民主化したミャンマーへの足がかりとなる銀行免許を認められましたが、欧米勢との激しい免許争奪戦を勝ち抜けたのは日本政府の全面的なサポートがあったからこそ。その御礼という名目でメガ首脳が首相に会う機会を金融庁・財務省がアレンジしたのです。

当時、経済界の最大の関心は15年10月に予定通り消費税率が10%に上がるかどうか。14年4月に税率8%へ引き上げた影響で個人消費が勢いを欠くなか、政府は15年度予算編成に向けて15年10月の増税の可否を判断しなければならないタイミングが迫っていました。ランチの席で「予定通り15年10月に消費税率を10%にすべきだ」と持論を述べたあるメガ首脳は「首相の胸には響いていないようだった」と振り返ります。

折しも同日午後には黒田東彦総裁の日銀が追加金融緩和を発表。市場参加者の一部では、政府が消費税率10%を決断する環境をつくるため日銀が援護射撃したのではないかという臆測が広がりました。しかし、そんな見立てが的外れだったことはすぐ明らかになりました。安倍首相が増税を1年半先送りする判断を示し、衆院解散・総選挙に打って出たのは2週間余りたった11月18日でした。

安倍首相は増税延期を表明した14年11月の記者会見で「再び延期することはない、ここで皆さんにはっきりと、そう断言いたします」と語っていました。ところが、その約束は1年半後に破られることになります。

　再延期の伏線になった舞台は日本が議長国を務めた16年5月の主要国首脳会議（伊勢志摩サミット）。安倍首相はサミット最終日の討議に「参考データ」を提出し、エネルギーや食料など商品価格や新興国の経済指標が落ち込むさまは08年9月のリーマン危機前に似ていると指摘。「リーマン・ショック直前の洞爺湖サミットは危機を防ぐことができなかった。その轍を踏みたくない」と訴えました。

　首相はかねて、17年4月へ延期した増税を再び延期する可能性を問われると「リーマン・ショックや大震災のような事態」が起こらない限り増税方針は変えないと説明してきました。サミットという国際舞台で「リーマン」を持ち出すことで、増税の再延期に向けた地ならしを進める意図が垣間見えました。ただ、安倍首相が示した景気認識は日本政府の公式の立場とかけ離れ、サミット参加国の首脳からも異論が噴出するなど、物議を醸したのです。

　サミットを終えた16年6月1日、安倍首相は記者会見を開き、消費税率10％への引き上げを従来予定の17年4月から19年10月へ2年半延期すると発表しました。「これまでの約束とは異なる新しい判断だ。『公約違反ではないか』との批判を真摯に受け止める」と語りました。

**第3章** ｜ 経理部門・システム担当は何に備える　145

経済の原則に照らせば、財政の改善期待を裏切る増税延期は債券市場の暴落を招きかねないのですが、そうした反応は起きませんでした。異次元緩和に取り組む日銀が国債を大量に買うからです。市場の警告が響かないところにアベノミクスの危うさが潜んでいます。

第**4**章

小売業者は
どうすれば
よいのか

# Q41

## 小売店の事業には
## どのような影響が出ますか？

**A** 消費税率が8％の商品と10％の商品を
卸業者から仕入れる段階から
消費者への販売の段階まで
すべてで区分けする作業が必要になります。
このため事業全般に大きな影響が生じます。

### ◉——ほぼすべての従業員が知っておくべき

　消費税の軽減税率が始まると、多くの人が納税額を計算する経理事務が複雑になると懸念しています。しかし、小売業者であれば経理担当者だけではなく、ほぼすべての従業員が軽減税率の仕組みを学ばなければいけなくなりそうです。

　仕入れ担当者は商品を仕入れる際に、それぞれの商品が税率8％なのか、10％なのか区別しておかなければいけません。仕入れ先との間で食い違いがあってはいけませんので、きっちりと把握する必要があります。店舗の現場では商品の代金を受け取るレジ係だけでなく、店舗で陳列作

## 小売店が求められる主な準備

**店舗**
- アルバイト従業員も商品の税率を把握
- 店頭販促（POP）で税率を的確に表示
- レジの改修や新規導入

**経営者**
- イートインコーナーでの対応策の決定
- 全従業員を対象にした研修の実施

**仕入れ担当**
- 仕入れの際に税率を把握
- 卸業者と受発注システムの基準統一

スーパーでは経営者もアルバイトも対応が必要だ

業をするアルバイト従業員もお客から商品の税率を聞かれたら答えられるようにしておかなければなりません。このため事業全般に渡って、相当な準備が必要と考えておいた方がよさそうです。

### ◉──研修は少なくとも半年前から

仕入れ担当者が例えば、玩具と菓子がセットになった組み合わせ商品を仕入れたとします。税務当局は玩具付き菓子など食品とそれ以外を組み合わせたセット商品の扱いをめぐり、飲食料品の比率が3分の2以上で、商品価格が1万円以下であれば全体に8％の軽減税率を適用できるとしています。仕入れる際に飲食料品の比率がセット

店頭で仕事をする従業員は税率が何パーセントか聞かれる可能性が高い

レジでは割引券やクーポンがどの商品に適用になるかなどの説明が求められることも

商品のなかでどの程度占めるのか、卸売業者との商談の中で確認して、税率を把握しておく必要があります。

店頭でも対応が必要になります。組み合わせ商品など、税率の線引きが曖昧な商品は店頭販促（POP）ではっきり示しておいた方がいいでしょう。お客が税率8％のつもりで購入しようとしたのに、レジで10％だと言われたらクレームにつながったり、レジでの混雑が発生する要因になったりするかもしれません。

小売業では商品をバックヤードから陳列棚に運んだり、清掃の作業をしたりするために多くのアルバイト従業員を雇っています。こうしたアルバイト従業員が店頭に出ているときに、お客から「この商品はどっちの税率になるの？」と聞かれた場合、曖昧な回答では困ります。事前にアルバイト従業員への研修も必要になるでしょう。

**従業員への研修は習熟するのに時間がかかるため、少なくとも軽減税率が始まる2019年10月の半年ほど前には研修を始めた方がよいでしょう。**日本商工会議所や日本チェーンストア協会などが経理担当者などを集めた会合を実施する見通しですが、全従業員に行き渡らせるにはそれぞれの会社で研修をするしかありません。

## ◉──システムやレジの対応も不可欠

人材教育だけでなく、商品管理のシステム改修も重要です。中堅以上の小売店では卸業者との間で、IT（情報技術）システムを使って商品の仕入れを実施している場合が多いです。こうしたシステムで、商品の税率が8％か10％かを識別できるプログラムを組み込む必要があります。軽減税率が導入される1年程度前から卸業者と緊密に協議を進める必要が出てきます。

また、レジの改修も必要になります。飲食料品を主に扱っている小売業者は全国で20数万あるといわれています。このうちPOS（販売時点情報管理）のレジを使っている業者は約1割。こうした高機能な「POSレジ」を導入している場合は、軽減税率に適応しやすく、ソフトウエアの入れ替えなどで済むかもしれません。一方、残りの約9割はPOSレジより簡易なレジを使っていたり、レジを置いていなかったりするようです。経済産業省では最大で10数万の事業者が

第4章　│　小売業者はどうすればよいのか　151

レジを買い替える必要があるとみています。**早めに自分の会社はレジでどのような対応が必要か見極めておいた方がよさそうです。**

　経営者の戦略にも大きな影響が出てきます。例えば、スーパーなどでも、その場でつくった総菜や弁当が食べられるイートインコーナーを設置しているところがあります。店に返却可能なトレーなどに載せてテーブルに持って行くと外食とみなされ、税率10％と税務署から指摘される可能性があります。使い捨て容器などで持ち帰り商品として提供すると8％で済みます。店に休憩スペースがあっても、「飲食禁止」と張り紙をしていれば原則としてすべての飲食料品が軽減税率の対象になります。持ち帰り商品は外食店で購入しても8％になります。外食業界では持ち帰りコーナーを設置する動きが広がる可能性が高そうです。

# Q42

## 小売業者が事前に
## しておくべきことは何ですか？

**A** 取引先の卸会社やメーカーとの
システム統一やレジの改修が必要です。
軽減税率の導入まで1年程度しかなく、
早急な対応が必要になります。

◉──**共通の仕組みの構築が必要**

　スーパーなど多くの小売業者は卸会社やメーカーなどとの間でIT（情報技術）を使った受発注システムを構築しています。2019年10月からすべての商品について軽減税率の対象か区別しないといけません。現在使っている受発注システムの中で軽減税率の対象商品はどれなのか識別できる仕組みを入れる必要があります。

　小売業者が勝手に決めるわけにはいかず、システム改修前には取引しているすべての卸会社やメーカーとの間で軽減対象商品を識別する共通の仕組みを相談して決める必要があります。例えば、取引商品のなかで軽減税率の商品をシステム上、見極めるために付ける印が「レ点」なの

第4章 ｜ 小売業者はどうすればよいのか　153

か「※」なのかなどです。こういった細かい基準を決める必要があります。実際のシステムの改修には、かなりの時間がかかることが予想され、**基準の取り決めを手際よく進めないと、改修の時間が足りなくなってしまいます。**

## ●──中堅・中小に大きな負担

大手企業と中小企業で実際の対応は異なりそうです。大手の小売業者や卸会社の多くは企業間で扱う商品の電子データの規格を統一した「流通BMS」と呼ばれる仕組みを導入しています。この場合は統一基準を変更すれば全体に反映されるため個別の基準変更は不要になります。流通BMSは導入企業が徐々に増えていますが、まだ広く普及しているとは言えません。

一方で流通BMSを導入していない中堅や中小のスー

パーは大変です。**中小でも取引先は100〜200あり、こうした取引先と個別に基準を統一していかなければいけません。**

電話1本でまとめるのはなかなか難しく、担当者は実際に卸会社や取引するメーカーのシステム担当者と会って決める必要性がありそうです。そこから実際の改修に入ることになるため、各社の担当者と計画的に基準の統一を進めていく必要があります。

## ◉──改修は間に合うのか

レジの改修も必要です。改修が比較的簡単なPOSレジを導入しているのは全国20数万社の小売業者のうち約1割で、残りの約9割は新規の導入や改修が必要になります。**改修の費用負担が重くなりそうですが、事業者の負担軽減のため、国は補助金でレジ購入費の原則3分の2を支援する考えです。**いったん事業者が代金を支払い、後で補助金を受け取ることになります。ただ制度の利用は進んでいません。日本には約380万の中小事業者がいますが、18年8月までに補助金を申請したのは約8万件にとどまっています。

軽減税率に対応したレジの新機種はメーカー各社が用意しています。経済産業省は補助金の対象や必要な手続きを示した応募要項を公表しています。それを読んだうえ

第4章 │ 小売業者はどうすればよいのか　155

### 2019年10月までに必要な準備のスケジュール

**関連法成立**

**政省令交付・通達公表**

| 影響が生じる事務の洗い出し、業務手順の見直し | 対象品目の線引きについて流通業界で認識を共有 |
|---|---|

| 納品書や請求書などの帳票や会計・受発注のシステム等の改修検討 | 受発注や請求の際に事業者間でやりとりするデータの内容や形式を調整・統一 |
|---|---|

| 自社システムを改修 | 取引先とのシステム連携テスト | データベースに商品毎の適用税率を登録 |
|---|---|---|

**2019年10月**

小売業者は約1年で多くの対応をこなす必要がある

で、レジを買う際に申し込めばよさそうです。全国の商工会議所や商工会に設けられる予定の相談窓口で、レジの買い替えが必要かどうかや補助金の申請方法を聞くこともできます。いずれにせよ資金の準備やレジ会社の選定をめぐり、早めに社内で調整した方が無難です。

　日本チェーンストア協会や日本商工会議所などの業界団体からは「軽減税率の導入までに本当に間に合うのか」といった不安の声が上がっています。小売りの業界団体

は15年末に、システム改修には一定以上の時間がかかると自民党や公明党の政策責任者に訴えていました。システムの改修が間に合わないまま、軽減税率が始まると事業にも大きな影響が出てしまいます。例えば、経理担当者はあらゆる請求書の内容を手作業で会計システムに入力する必要が出てきます。

　このため政府・与党は実際にレジの改修が間に合わなくても、大きな混乱が出ないような対応策も用意しました。大企業でも19年10月から1年間限定で軽減税率対象の売り上げを推計できる「みなし課税」を認めています。この制度を使えば、実際に軽減税率の対象商品がどれだけ売れたか把握できなくても問題ありません。専門家からは「税の信用を失う」との指摘も出ていますが、制度を導入するための苦肉の策と言えるかもしれません。

# Q43 受発注システムやレジの改修にはいくらかかりますか?

小売業者の受発注システムは中堅以下で100〜200の取引先と個別に基準を変更していく必要があると言われています。取引先数にもよりますが、数千万円の追加投資が必要になるかもしれません。レジ改修は台数や必要な改修の作業にもよりますが、1台あたり10万円以上かかれば、1店舗あたり5台程度として30店舗をもつ地方スーパーで1500万円以上の負担増になります。業界団体は、規模の大きい大企業ではシステムやレジの改修費用が数億円に上るとみています。

# Q44 システムエンジニア(SE)は足りますか?

野党からは「SEが足りなくなる」との批判が出ています。2016年1月から始まったマイナンバー(税と社会保障の共通番号)制度への対応で既にSEは企業や行政から引っ張りだこの状態です。企業のマイナンバー対応は17年から本格化しています。ただ経済産業省は「足りなくなるような状況は想定しにくい」と話しています。IT関連企業は特需を見込んでおり、SEを緊急で募集する企業が増えそうです。早めにIT企業と計画を立てた方が無難です。

# Q45

## 線引きが曖昧な商品は
## どう対応したら
## よいでしょうか?

**A** 店頭での分かりやすい表示が必要です。
従業員の研修制度も
充実する必要があるでしょう。
商品価格の税抜き表示が
今後も続けられるかも業界の関心事です。

### ◉──POPなど売り場で伝える工夫を

　店頭販促(POP)を使って線引きが難しい商品の税率を分かりやすく伝える売り場の工夫は必要です。例えば、「本みりん」は酒類のため軽減税率が適用されませんが、アルコール分を1%未満に抑えた「みりん風調味料」なら食品表示法上、軽減税率の対象となります。一般の消費者の感覚ではなかなか違いが理解しがたいケースは多そうです。そこで、本みりんには「酒類に分類されるため、10%の税率になります」といったことを売り場で具体的に示していくことが有効になります。

第4章 | 小売業者はどうすればよいのか　159

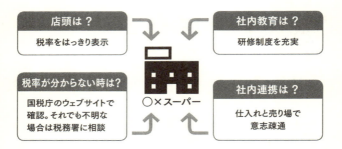

従業員の研修制度の充実も必要になるでしょう。線引きが曖昧な事例については、日本チェーンストア協会などが、担当者を集めた勉強会を開催すると思いますが、現場のアルバイト従業員すべてに対応するのは困難です。自社での研修制度に軽減税率の線引きの指導を組み込んでいくことが重要です。

## ●──仕入れと売り場の連携が重要

仕入れ担当者と売り場担当者の緊密な連携も必要です。スーパーの仕入れ担当者は仕入れの段階で卸売業者やメーカーの担当者と、どの商品がどの税率が適用されるか、日々チェックして取引をします。「コメは軽減税率で、ビールは標準税率だ」といった簡単な事例は導入当初でも問題ありませんが、玩具付きの菓子などの組み合わせ商品

は商品によって、税率が8％になったり10％になったりします。仕入れの段階と売り場の段階で同じ商品の税率が異なっていたという事態は避けなければいけません。曖昧な商品については、仕入れ担当者から売り場の担当者に日々、伝達できる仕組みを入れることが大切です。

　実際には仕入れの段階でどちらの税率が適用されるのか分からないという事態も生じるかもしれません。**日本商工会議所などの業界団体は、国や自治体が土日や夜間も開いている窓口を設けるなどして事業者の相談にすばやく答えられる体制の整備を求めています。**分からない事例があるときはあやふやにせず、業界団体や国、自治体に問い合わせをしてしまった方がいいでしょう。

　国税庁が2016年春、よくある質問とその回答を公表しました。例えば「コーヒー生豆の販売は軽減税率の対象か？」といった細かい事例まで解説しています。消費税の軽減税率制度の導入を盛り込んだ税制改正法には線引きの概念は示されていますが、実際の運用では迷うケースが続出することが想定されます。国税庁のウェブサイトで関係法令や通達と一緒に確認できるため、分からないときはまずはここを見るといいでしょう。こうした回答集を読んでも分からない場合は、全国に524カ所ある税務署が相談を受け付けています。窓口に足を運んでもいいし、電話でも相談ができます。

## 価格表示方法によって印象が異なる面も

**≫税額表示**（税込み価格）

| 10,800円 | 10,800円（税込） | 10,800円（税抜価格10,000円） |

**≫特例**（税抜き価格も認める。2013年10月〜21年3月）

| 10,000円（税抜） | 10,000円（本体価格） | 10,000円+税 |

**≫特例後**（2021年4月〜）

| 11,000円 | 11,000円（税込） | 11,000円（税抜価格10,000円） |

　国税庁は軽減税率の相談に対応できるコールセンターを設置する見通しです。ただ、税務署に聞いてもすぐに答えが返ってくるとは限りません。税務署の職員でも軽減税率の対象かどうか即座の判断に迷う「グレーゾーン」がある程度残ることは十分考えられるためです。回答が後日になる可能性もあります。それでも、分からないときに事業者の判断で税率を拙速に判断するのは、やめた方がよいでしょう。本来8％の税率で売るべき商品を10％で売ったり、逆に誤って低い税率で売ったりすれば顧客とのトラブルの原因になりかねません。過去にさかのぼって納税額の修正を求められるといった面倒な事態に発展しかねません。

## ◉──税抜き価格表示が続けられるか

　スーパーの業界団体からは「軽減税率よりも本体価格（税抜き）表示が続けられるかどうかの方が問題だ」という声も聞かれます。本来、価格の表示は税込み価格の総額表示が義務付けられています。政府は消費税を8％に上げるにあたり、価格転嫁を容易にするために、時限的に税抜き表示を認める時限立法をつくりました。ただ、同法は21年3月に期限が来ます。業界団体の幹部は「消費者との信頼関係を保つうえで商品本体の価格がいくらか伝えることは、税率が複数になれば一層重要だ」と話しています。消費税率が10％に上がる増税後に価格表示が税込みに戻ってしまえば、「価格は8～10％上がって見える。消費は間違いなく冷え込む」との指摘も出ています。

# Q46

## 割引券を使うと
## どうなりますか？

**A** 軽減税率対象と標準税率対象の
商品がある場合は
買い物の比率で配分しなければいけません。
面倒な計算が必要になるので
注意が必要です。

◉──**買い物の比率で配分**

　小売店でよく使われる割引券。軽減税率が導入される
と面倒な手間が生じるので注意が必要です。例えば食品
500円、日用品500円の計1000円の買い物で500円の割
引券を使ったとしましょう。この割引券は軽減税率の対象
となる食品に当てるのか、対象外の日用品に当てるのかと
いう問題が起こります。どうしたらよいでしょうか。

　与党が軽減税率制度をめぐる検討委員会に2015年10
月末に示した資料では買い物の比率で配分する方向性を
示しました。先ほどの買い物の例では、食品と日用品の売
り上げから、それぞれ250円を引いたうえで税額を計算し

## 割引券利用時のイメージ

**軽減税率 8%**

食品
**500円分** 🍞🧅

日用品
**500円分** 🧻🧴

**標準税率 10%**

**500円**
（本体463円 税37円）

**500円**
（本体455円 税45円）

割引券
**500円分**
比率で配分

−250円 ←------------------→ −250円

**250円**
（本体232円 税18円）

**250円**
（本体228円 税22円）

**税額 40円**

直す必要が出てきます。政府が定めるルールも基本的な考え方は大きく変わらないとみられています。

## ◉──商店街から割引券が消える?

　小売店の手間が膨大になりそうですが、どうしたらよいでしょうか。実際には、高性能のレジシステムを持っている事業者であれば、お客が割引券を使った際に、割引額のうちに占める軽減税率対象商品と標準税率対象商品の比率で配分するプログラムを組み入れれば簡単に対応できるでしょう。レジ係が割引券を使うプログラムのボタンを押せば、計算できるといった仕組みです。

　**一方でレジシステムを持たない事業者は、コンピュー**

**ターの力を借りずに複雑な計算をする必要が生じます。**この場合は大変です。軽減税率対象商品の売り上げを入れる小銭箱と標準税率対象商品の売り上げを入れる小銭箱と2つ必要になるかもしれません。個人事業の小売店などが集まる商店街から「割引券や商品券が消えるのではないか」との懸念の声も出ています。間違ったとしても実際には導入当初は罰則規定がありませんが、きちっと対応するためにレジをもたない業者はレジ導入が必要になるかもしれません。

# Q47

## 1円未満の端数は
## どうしますか？

**A** 店頭での分かりやすい表示が必要です。
従業員の研修制度も
充実する必要があるでしょう。
商品価格の税抜き表示が
今後も続けられるかも業界の関心事です。

---

### ◉──端数は切り捨てで構わない

　消費税の納税額を計算する際、1円未満の端数が発生することがあります。例えば現在、税抜きで98円の商品の消費税は8％の税率をかけると7.84円になります。この場合、消費税額はいくらになるでしょうか。実は消費税の端数処理は法律に規定されていません。切り捨てても、切り上げてもどちらでも構いません。切り捨てた場合、消費税額は7円になります。では2019年10月から軽減税率が導入されたら、この端数処理の計算はどうなるのでしょうか。国税当局の関係者は「現時点、現在の規定を変える話はない」と話しています。

第4章 ｜ 小売業者はどうすればよいのか　167

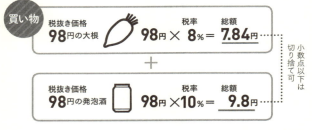

　現在、納税事務の際は多くの事業者は切り捨てで計算していると言われています。「消費税額はなるべく少ない方がいい」と節税を考えるのは当然ですから、切り捨てを選択する事業者が多いわけです。税理士の多くが事業者に切り捨てを勧めています。国税庁も消費税の端数処理の扱いを事業者から問い合わせがあった際は「切り捨て構わない」といった趣旨の説明をすることが多いようです。

## ◉——事務負担が少ない方法でよい

　なぜ消費税の端数処理は曖昧な規定なのでしょうか。最終的に事業者が納めるべき消費税額を計算する際は、売り上げに消費税率をかけた後の「1000円未満は切り捨

てる」と決まっています。この規定は法律に条文として記載されています。事業活動の中で預かったり、支払ったりする消費税の端数処理の事務負担が少ない方法でよいと判断しているようです。

　軽減税率が導入されると、10％の税率の商品と8％の税率の商品の売り上げを把握する手間が発生します。実際に納税する消費税額はそれぞれの税率の売り上げを把握して、税率をかけて計算します。それぞれの売り上げに税率をかけて計算する納税額で発生した端数は切り捨てで構わないことになります。

# Q48 百貨店の物産展は軽減税率に対応できますか？

　流通関係者からは「地方の名産品を扱う物産展がなくなるのではないか」との不安の声が出ています。百貨店などは物産展の売り上げを自身で管理しているケースが多いと言われています。屋外などで開催する場合はレジシステムを使わずに現金の受け渡しをしていることが少なくありません。この場合、軽減税率と標準税率の売り上げを区分することは大変な作業になります。物産展では地方の食料品と民芸品を販売するケースもあります。しかしレジ対応できない場合は軽減税率対象である飲食品だけを販売するなどの工夫が必要かもしれません。

Column

## 消費税の歴史 4 ── 2桁税率への備え

　2019年10月の消費税率8%から10%への引き上げに向けて、政府は軽減税率制度の創設以外にも準備を進めています。政府が18年6月に閣議決定した経済財政運営と改革の基本方針（骨太の方針）では「経済変動を可能な限り抑制することが経済全体にとっても有益」として、増税前の「駆け込み需要」や直後の「反動減」を抑える需要の平準化策が10%に向けて真っ先に取り組むべき項目として掲げられました。

　対策の柱はいくつかあります。第1のポイントは税や予算を使って、増税後に需要の盛り上がり持ってくること。自動車や住宅といった金額の大きい買い物が焦点となっています。

　自動車に関しては、需要の先食いを招くとして業界が補助金の仕組みに反対しているため、税制面での対策が中心になるとの見方があります。自動車の購入時には2種類の税金がかかるのですが、増税後しばらくの間その税金を減免するアイデアが総務省や経済産業省でささやかれています。自動車税は一般的な排気量1.5リットルの車で3万4500円、燃費課税は車の価格の0〜3%。計算上、双方が同時に一時凍結されれば消費税率引き上げを上回る負担減になり、減税策の組み方次第では、増税後に買った方が得することになるのです。

　住宅ローン減税制度については、減税額を大きくしたり制度の期限を延ばしたりする案が浮上しています。補助金の仕

第4章 ｜ 小売業者はどうすればよいのか　171

組みを増税後の一定期間は上乗せする考え方もあり得るでしょう。注文住宅の場合は、請負契約が19年3月31日までに完了していれば税率8%なのに対して、それ以降は10%に上がるので、駆け込み需要が起きやすい商品。賃貸マンションのポストに「消費税率8%のうちに持ち家の購入を検討してはいかがですか」などとアピールするチラシが入れられていた、という経験をもつ人も多いはず。消費増税を挟んだ需要の平準化策を打ち出すにしても、早めの対応が必要になってきます。

こうした税制・予算面での対策と並んで、もう1つのポイントになるのが小売店など消費の現場の対応を促すこと。具体的には「駆け込みセールの自粛要請」や「価格設定の柔軟化」です。小売業界には増税前のセールを控えてもらうことで駆け込み需要の助長を抑制。逆にセールを増税後に移してもらえれば、マクロ経済全体で見ると消費者の需要をならすことができて非常に効果が大きいと政府は期待しています。小売業者に商品を供給するメーカーや卸業者から見ても、駆け込みセールは需要の先食いになるだけのため避けたいのが本音でしょう。ただ、セールの時期をいつにするかを法的に強制するのは困難です。できるだけ駆け込みセールをしないように、という財務省の呼びかけがどれだけ受け入れられるかは不透明です。

増税した日に価格が一律に上がると消費者心理を冷やすことにつながるため、増税前から価格を少しずつ上げるよう

な柔軟な価格戦略を取ってもらえないかどうかも政府が頭を悩ませています。増税前に買ってもさほど得しないのに「増税前に買わなければ損をする」などと消費者を不当にあおる「あおり販売」に対しては法的な対策なども検討されています。景品表示法の運用を強化して、あおり販売に対して消費者庁などが指導できるようにする考えもあります。財務省は一連の対策にまつわる事柄を盛り込んだ増税対応のガイドラインをつくり、関係業界に周知徹底していく構えです。

第 **5** 章

個人事業主や
免税事業者は
どうなる

# Q49

## 免税事業者のビジネスは
## どのように変わりますか？

**A** 免税でも2つの税率ごとに商品を
管理する手間がかかります。
インボイス（税額票）の導入で
課税事業者に転換するところも
出てくるかもしれません。

◉──免税事業者も商品管理の手間が生じる

　現在、年間売上高が1000万円以下の事業者は消費者
や取引先から受け取った消費税を納めなくてよい免税制
度があります。対象となる事業者がこの制度を利用するか
は選択制で、軽減税率が導入される2019年10月以降も
続きます。売上高5000万円以下の事業者は19年10月か
ら4年間、消費税をいくら受け取ったか把握しなくても納
税できる「みなし課税」という制度を選択できます。これら
の制度があるからといって、消費税を納めない免税事業
者が軽減税率の影響を何も受けないというのは間違いで
す。

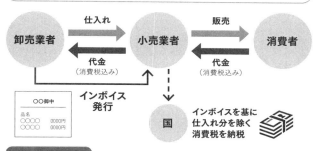

 ビジネスの現場では、大半の事業者が税率ごとの売上高を明確にするために請求書や領収書に各商品の税率を明記するよう求めてくるはずです。売上高が5000万円超の企業は税率ごとの売り上げを把握して納税額を計算しなければいけないため、免税事業者と取引する際でも、各商品の税率を明記して欲しいと求めてくることが考えられます。結果的に免税事業者であっても消費税を納税している企業と取引すれば、商品管理の手間が生じるわけです。

 4年間の特例である「みなし課税」が終わると売上高1000万円超で5000万円以下の企業も、税率ごとの売り上げを明確にして納税額を計算しなければいけません。小売業であれば軽減税率対応のレジシステムを導入すれば

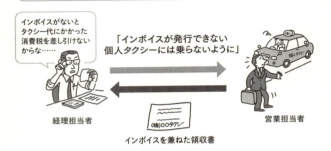

インボイスを兼ねた領収書

簡単に対応できるかもしれません。一方で導入しない場合には、売り上げを軽減税率分と標準税率分をそれぞれ管理しないといけないかもしれません。税率別の売り上げを毎日、記録する手間が生じそうです。中小・零細の多くは現金の収入・支出の明細を記録する金銭出納帳だけを作成し、商工会議所などに経理関係の記帳代行を任せているケースが多いです。軽減税率と標準税率を適正に区分けした売り上げ記録がないと、こうしたサービスも受けられなくなる可能性が高いとみられます。

## ● 免税事業者が排除される

免税事業者は課税事業者に23年10月から発行が義務化されるインボイスの導入は関係ないのでしょうか。23年10月以降も売上高1000万円以下の零細企業は消費税の

納税義務がない「免税事業者」になれることは変わりませんが、インボイスは課税事業者のみしか発行できません。**このため免税事業者は発行することができません。**インボイスがないと企業は取引先や消費者から受け取った消費税から、自らが仕入れ先に支払った消費税を差し引いて納税額を抑えられる「仕入れ税額控除」ができません。納税する事業者からすれば、免税事業者と取引すると、自らが納める消費税で仕入れ税額控除ができないため、ビジネスをしたがらなくなる懸念があります。つまり免税事業者は取引から排除される懸念があるのです。

例えば、外回りの会社員は仕事でタクシーに乗る際に免税の個人タクシーには乗らないように経理担当者から指示される可能性があると言われています。個人タクシーだけにとどまらないでしょう。個人で事業を営む個人事業主の多くが免税事業者だと言われています。例えば、個人で営む町工場は大企業から取引をされなくなるといった懸念があります。

## ◉──課税事業者への転換が進む

免税事業者はインボイスが導入されても免税事業者のままでいることは可能なのですが、自ら進んで課税事業者になるところが出てくるのではないかと専門家の間では指摘されています。現在、納税している事業者数は約200万

と言われています。一方、免税事業者はその2倍以上の約500万と言われています。与党の推計では少なくとも100万の免税事業者が取引から排除されないように課税事業者に転換するとみています。納税の義務を負っても、取引から排除されないようにした方が得策と判断するためです。

　**個人事業主は一人や家族でビジネスを営むため、複雑な税額計算には耐えられないとの理由で免税の制度ができた経緯があります。** 一方で、自らが支払ったと思った消費税が国に納められず、免税事業者の手元に残ったままになる仕組みは理解しがたいという消費者も多いでしょう。免税制度をめぐっては賛否両論ありますが、軽減税率とインボイスの制度の導入が免税事業者を大幅に減らすことにつながるかもしれません。

# Q50

## インボイス導入で
## 個人事業主に
## 利点はありますか？

**A** 商品管理の手間がかかるなどデメリットが
多いですが、課税事業者に転換すれば
大企業などとの取引で価格転嫁が
しやすくなると指摘する専門家が多いです。

### ◉──税金と本体価格の区分が明確になる

　2023年10月から導入されるインボイス（税額票）は事業者が顧客に商品を販売した際に受け取った消費税から、仕入れ先に支払った消費税を差し引いた金額を税務署に納めるための根拠になるものです。インボイスがないと、この差し引きができません。発行の頻度は取引のある事業者間で月1回などと決めます。発行する事業者にはそれぞれ番号が割り振られます。現在は消費税率が8％と1つのため、売り上げと仕入れの差額（粗利益）に税率をかければ消費税の納税額になります。

　**日本では税金部分と本体部分の内訳が分かりにくく、消**

第5章 ｜ 個人事業主や免税事業者はどうなる　181

| Cena j.<br>netto | Wartość<br>netto | Podatek | | Wartość<br>brutto |
| --- | --- | --- | --- | --- |
| | | St. | Wart. | |
| 217,59 | 217,59 | 8% | 17,41 | 235,00 |
| 43,09 | 43,09 | 23% | 9,91 | 53,00 |
| | 260,68 | Razem | 27,32 | 288 |
| ym | 217,59 | 8% | 17,41 | 23 |
| | 43,09 | 23% | 9,91 | |

インボイスも兼ねる領収書に欧州では標準税率（23％）と軽減税率（8％）の税額が分けられて表示される（ワルシャワ）

費増税時に値上げすると便乗値上げと疑われやすいと言われています。インボイスが導入されると税金と本体部分が明確になります。インボイスを導入している欧州では「個人の零細事業主が増税時に事業者間の価格転嫁に困るケースはほとんどない」（中央大学の森信茂樹教授）と言われています。税金と本体価格が明確に分けられているため、増税分はきっちり税金として引き上げやすいからです。

## ◉──増税時の価格転嫁も容易に

前項で述べた通り、個人の零細事業主はインボイスを発行できなければ取引から排除される懸念が生じます。このため課税事業者への転換を迫られる可能性がありますが、一度転換してしまえば、増税時の価格転嫁が容易なため、大企業との取引で泣き寝入りするような状況が変わるかもしれません。

日本では消費税の増税がしづらい理由として中小・零

細の事業者の価格転嫁が容易ではないことが挙げられて
きました。現在、日本の税率は8％で19年10月に10％に
なります。しかしインボイスを導入している欧州では20％前
後の水準に達している国がほとんどです。価格転嫁で困る
ことがないため、欧州では税率が上げやすいとも言われて
います。

# Q51 青色申告には変更は あるのでしょうか?

　青色申告は青色の申告書を使うためこう呼ばれています。一定水準の記帳をして、その記帳に基づいて正しい申告をする人は、所得金額の計算などについて有利な取り扱いが受けられる制度です。1950年のシャウプ勧告に基づいて、当時納税者に根付いていなかった記帳の慣行を広めるために創設されました。青色申告をできる人は不動産所得、事業所得、山林所得のある人です。軽減税率はあくまで消費税に関する制度のため、所得税などにかかわる青色申告制度に変更はない見通しです。

# Q52 消費税が事業者の手元に残る益税は どうなりますか?

　事業者は受け取った消費税と仕入れに支払った消費税の差額を税務署に納めます。しかし実際には事業者の手元に消費者が払った消費税が残ることがあります。これを「益税」と呼んでいます。例えば、売上高1000万円以下の零細事業者は消費税を納めない免税事業者になれます。消費者などから受け取った消費税を納める義務がないので、益税が発生します。このほか受け取った消費税と簡易な方法で計算した消費税の金額に差額がでれば、益税になります。インボイスが導入されると、税率ごとの税額などをしっかり把握できるため、益税は生まれにくくなります。

**巻末資料1** **食品表示法**

> 軽減税率では食品表示法で食品を定義している

食品表示法（抜粋）

（定義）

**第2条**　この法律において「食品」とは、全ての飲食物（医薬品、医薬部外品及び再生医療等製品を除き、添加物を含む）をいう。

（食品表示基準の策定等）

**第4条**　内閣総理大臣は、内閣府令で、食品及び食品関連事業者等の区分ごとに、次に掲げる事項のうち当該区分に属する食品を消費者が安全に摂取し、及び自主的かつ合理的に選択するために必要と認められる事項を内容とする販売の用に供する食品に関する表示の基準を定めなければならない。

　1　名称、アレルゲン（食物アレルギーの原因となる物質をいう）、保存の方法、消費期限（食品を摂取する際の安全性の判断に資する期限をいう）、原材料、添加物、栄養成分の量及び熱量、原産地その他食品関連事業者等が食品の販売をする際に表示されるべき事項

　2　表示の方法その他前号に掲げる事項を表示する際に食品関連事業者等が遵守すべき事項

> 内閣府令では軽減税率の対象となる食品を具体的に挙げている

食品表示基準（内閣府令）（抜粋）

**第1条**　この府令は、食品関連事業者等が、加工食品、生鮮食品又は添加物を販売する場合について適用する。ただし、加工食品又は生鮮食品を設備を設けて飲食させる場合には適用しない。

**第2条**　この府令において、次の各号に掲げる用語の意義は、当該各号に定めるところによる。

　1　加工食品　製造又は加工された食品として別表第1に掲げるものをいう。

　2　生鮮食品　加工食品及び添加物以外の食品として別表第2に掲げるものをいう。

別表第1〈加工食品〉

1 麦類——精麦

2 粉類——米粉、小麦粉、雑穀粉、豆粉、いも粉、調製穀粉、その他の粉類

3 でん粉——小麦でん粉、とうもろこしでん粉、甘しょでん粉、
  ばれいしょでん粉、タピオカでん粉、サゴでん粉、その他のでん粉

4 野菜加工品——野菜缶・瓶詰、トマト加工品、きのこ類加工品、
  塩蔵野菜(漬物を除く)、野菜漬物、野菜冷凍食品、乾燥野菜、
  野菜つくだ煮、その他の野菜加工品

5 果実加工品——果実缶・瓶詰、ジャム・マーマレード及び果実バター、
  果実漬物、乾燥果実、果実冷凍食品、その他の果実加工品

6 茶、コーヒー及びココアの調製品——茶、コーヒー製品、ココア製品

7 香辛料——ブラックペッパー、ホワイトペッパー、レッドペッパー、
  シナモン(桂皮)、クローブ(丁子)、ナツメグ(肉ずく)、サフラン、
  ローレル(月桂葉)、パプリカ、オールスパイス(百味こしょう)、
  さんしょう、カレー粉、からし粉、わさび粉、しょうが、その他の香辛料

8 めん・パン類——めん類、パン類

9 穀類加工品——アルファー化穀類、米加工品、オートミール、パン粉、
  ふ、麦茶、その他の穀類加工品

10 菓子類——ビスケット類、焼き菓子、米菓、油菓子、和生菓子、洋生菓子、
  半生菓子、和干菓子、キャンデー類、チョコレート類、チューインガム、
  砂糖漬菓子、スナック菓子、冷菓、その他の菓子類

11 豆類の調製品——あん、煮豆、豆腐・油揚げ類、ゆば、凍り豆腐、
  納豆、きなこ、ピーナッツ製品、いり豆、その他の豆類調製品

12 砂糖類——砂糖、糖みつ、糖類

13 その他の農産加工品——こんにゃく、
  その他1から12に分類されない農産加工品

14 食肉製品──加工食肉製品、鳥獣肉の缶・瓶詰、加工鳥獣肉冷凍食品、
　　その他の食肉製品

15 酪農製品──牛乳、加工乳、乳飲料、練乳及び濃縮乳、粉乳、
　　発酵乳及び乳酸菌飲料、バター、チーズ、アイスクリーム類、
　　その他の酪農製品

16 加工卵製品──鶏卵の加工製品、その他の加工卵製品

17 その他の畜産加工食品──蜂蜜、
　　その他14から16に分類されない畜産加工食品

18 加工魚介類──素干魚介類、塩干魚介類、煮干魚介類、
　　塩蔵魚介類、缶詰魚介類、加工水産物冷凍食品、練り製品、
　　その他の加工魚介類

19 加工海藻類──こんぶ、こんぶ加工品、干のり、のり加工品、
　　干わかめ類、干ひじき、干あらめ、寒天、その他の加工海藻類

20 その他の水産加工食品──その他18及び19に分類されない
　　水産加工食品

21 調味料及びスープ──食塩、みそ、しょうゆ、ソース、食酢、
　　調味料関連製品、スープ、その他の調味料及びスープ

22 食用油脂──食用植物油脂、食用動物油脂、食用加工油脂

23 調理食品──調理冷凍食品、チルド食品、レトルトパウチ食品、
　　弁当、そうざい、その他の調理食品

24 その他の加工食品──イースト、植物性たんぱく及び
　　調味植物性たんぱく、麦芽及び麦芽抽出物並びに麦芽シロップ、
　　粉末ジュース、その他21から23に分類されない加工食品

25 飲料等──飲料水、清涼飲料、酒類、氷、その他の飲料

別表第2〈生鮮食料〉

## 1 農産物（きのこ類、山菜類及びたけのこを含む）

〔1〕米穀
　　（収穫後調整、選別、水洗い等を行ったもの、単に切断したもの及び精麦
　　又は雑穀を混合したものを含む）――玄米、精米
〔2〕麦類
　　（収穫後調整、選別、水洗い等を行ったもの及び単に切断したものを含む）
　　――大麦、はだか麦、小麦、ライ麦、えん麦
〔3〕雑穀
　　（収穫後調整、選別、水洗い等を行ったもの及び単に切断したものを含む）
　　――とうもろこし、あわ、ひえ、そば、きび、もろこし、はとむぎ、その他の雑穀
〔4〕豆類
　　（収穫後調整、選別、水洗い等を行ったもの及び単に切断したものを含み、
　　未成熟のものを除く）
　　――大豆、小豆、いんげん、えんどう、ささげ、そら豆、緑豆、落花生、
　　その他の豆類
〔5〕野菜
　　（収穫後調整、選別、水洗い等を行ったもの、単に切断したもの及び
　　単に凍結させたものを含む）
　　――根菜類、葉茎菜類、果菜類、香辛野菜及びつまもの類、きのこ類、
　　山菜類、果実的野菜、その他の野菜
〔6〕果実
　　（収穫後調整、選別、水洗い等を行ったもの、単に切断したもの及び
　　単に凍結させたものを含む）
　　――かんきつ類、仁果類、核果類、しょう果類、殻果類、熱帯性及び
　　亜熱帯性果実、その他の果実
〔7〕その他の農産食品
　　（収穫後調整、選別、水洗い等を行ったもの、単に切断したもの及び単に
　　凍結させたものを含む）
　　――糖料作物、こんにゃくいも、未加工飲料作物、香辛料原材料、他に
　　分類されない農産食品

## 2 畜産物

〔1〕食肉
   （単に切断、薄切り等したもの並びに単に冷蔵及び凍結させたものを含む）
   ——牛肉、豚肉及びいのしし肉、馬肉、めん羊肉、山羊肉、うさぎ肉、
   家きん肉、その他の肉類
〔2〕乳——生乳、生山羊乳、その他の乳
〔3〕食用鳥卵（殻付きのものに限る）
   ——鶏卵、アヒルの卵、うずらの卵、その他の食用鳥卵
〔4〕その他の畜産食品
   （単に切断、薄切り等したもの並びに単に冷蔵及び凍結させたものを含む）

## 3 水産物（ラウンド、セミドレス、ドレス、フィレー、切り身、刺身（盛り合わせたものを除く）、むき身、単に凍結させたもの及び解凍したもの並びに生きたものを含む）

〔1〕魚類——淡水産魚類、さく河性さけ・ます類、にしん・いわし類、かつお・
   まぐろ・さば類、あじ・ぶり・しいら類、たら類、かれい・ひらめ類、
   すずき・たい・にべ類、その他の魚類
〔2〕貝類——しじみ・たにし類、かき類、いたやがい類、あかがい・もがい類、
   はまぐり・あさり類、ばかがい類、あわび類、さざえ類、
   その他の貝類
〔3〕水産動物類——いか類、たこ類、えび類、いせえび・うちわえび・ざりがに類、
   かに類、その他の甲かく類、うに・なまこ類、かめ類、
   その他の水産動物類
〔4〕海産ほ乳動物類——鯨、いるか、その他の海産ほ乳動物類
〔5〕海藻類——こんぶ類、わかめ類、のり類、あおさ類、寒天原草類、
   その他の海藻類

**巻末資料2** **食品衛生法**

> 軽減税率では食品衛生法を基に外食を定義している

## 食品衛生法（抜粋）

**第51条**　都道府県は、飲食店営業その他公衆衛生に与える影響が著しい営業（食鳥処理の事業を除く）であつて、政令で定めるものの施設につき、条例で、業種別に、公衆衛生の見地から必要な基準を定めなければならない。

**第52条**　前条に規定する営業を営もうとする者は、厚生労働省令で定めるところにより、都道府県知事の許可を受けなければならない。

**第62条**
③営業以外の場合で学校、病院その他の施設において継続的に不特定又は多数の者に食品を供与する場合に、これを準用する。


## 食品衛生法施行令（抜粋）

（営業の指定）

**第35条**　都道府県が施設についての基準を定めるべき営業は、次のとおりとする。

　　1 飲食店営業（一般食堂、料理店、すし屋、そば屋、旅館、仕出し屋、弁当屋、レストラン、カフエー、バー、キヤバレーその他食品を調理し、又は設備を設けて客に飲食させる営業をいい、次号に該当する営業を除く）

　　2 喫茶店営業（喫茶店、サロンその他設備を設けて酒類以外の飲物又は茶菓を客に飲食させる営業をいう）

本書は2016年3月に刊行した
『Q&Aすぐわかる軽減税率』に加筆・修正し、
アップデートしたものです。

日経文庫1402

## Q&A軽減税率はやわかり

2018年11月15日　1版1刷

編　者　日本経済新聞社
発行者　金子　豊
発行所　日本経済新聞出版社
　　　　https://www.nikkeibook.com/
　　　　東京都千代田区大手町1-3-7　郵便番号100-8066
　　　　電話　(03)3270-0251(代)

装幀・組版　梅田敏典デザイン事務所
本文イラスト　関根庸子
印刷・製本　シナノ印刷
© Nikkei Inc., 2018
ISBN978-4-532-11402-2

本書の無断複写複製（コピー）は、特定の場合を
除き、著作者・出版社の権利侵害になります。

Printed in Japan